U0070385

PAUL FERRINI 著　周玲瑩・若水 譯

無條件的愛 與心對話

Love Without Conditions

國家圖書館出版品預行編目資料

無條件的愛：與心對話 / 保羅·費里尼(Paul Ferrini)著
；周玲瑩, 若水譯
-- 初版. -- 臺北市；奇蹟資訊中心, 民92
　面；　公分
　譯自：Love without conditions
ISBN 957-30522-2-9 (平裝)
1. 靈修

　192.1　　　　　　　　　　　　　　　92015120

無條件的愛　與心對話
Love Without Conditions

作　　者　保羅·費里尼 Paul Ferrini
譯　　者　周玲瑩　若　水
責任編輯　李安生
校　　對　李安生　黃真真
封面設計　羽瞳
美術編輯　羽瞳
出　　版　奇蹟課程有限公司·奇蹟資訊中心
　　　　　桃園市光興里縣府路76-1號
聯絡電話　(04) 2536-4991
劃撥訂購帳號 19362531　戶名　劉巧玲
網　　址　www.accim.org
電子信箱　admin@accim.org
　　　　　mictaiwan@yahoo.com.tw

印　　刷　世和印製企業（02）2223-3866
出版日期　2003 年 9 月初版
　　　　　2019 年 5 月十三刷

經銷代理　聯合發行公司
　　　　　電話 (02) 2917-8022＃162
　　　　　　　 (03) 2128-000＃335

定　　價　新台幣 250 元

ISBN 957-30522-2-9

序一 § 來自圓滿自性的訊息

有時，我們會驚訝自己的好，有時，又會痛恨自己的不好，雖然在人們面前，我們常急著為不好的一面辯白，卻辯得心虛舌結的，只因在我們存心展示天使的羽翼背後，時時閃爍著青面獠牙的記憶。

我們常說，人是天使與魔鬼的複合體，有時好得讓天使動容，有時壞得讓魔鬼大呼快哉。我們一生都在善與惡的戰場上背水一戰，在絕望中尋找希望。

此時，《奇蹟課程》為我們傳來一套安心法門，它說，我們的「壞」只是因為一時的怯場而演出穿幫而已，我們的「好」卻是出自本有而且不滅的天性。

在心靈進化史上，人類仍在童稚階段，演出的戲曲難免可笑復可憫，然而，無稽的劇本絲毫磨滅不了演員的天賦才資。

它好似說，壞的演出只是場外排練，屬於偶發事件，而好的結局則是註定的。因此《奇蹟課程》要我們登上人生舞台時，記得將原本的善性與註定的圓滿結局置於眼前，如此，我們才能無後顧之憂，盡興演出自己這一齣人生大戲。

《無條件的愛》作者保羅·費里尼則進一步將這天賦的善根，為我們細細描述了一番，讓我們得以在現實生活裡隨時認出它的倩影，學習與它溝通，在生活裡攜手俯仰進退。

保羅使用一種特殊的文體與筆法，幫讀者與自己的圓滿自性銜接起來。他先清淨自己，融入內在的大我意識，然後採用第一人稱的形式，由大我意識與讀者進行對話。這一形式讓我們更深地體驗出，所謂的「大我意識」絕不是一套冷冰冰的形上真理或終極動力而已，它是大愛，它是有情，它既存於我們之內，與我們本來就有一種極其私密的關係，因此，我們若聽見它在心靈深處向我們輕聲細語時，並不是什麼不可思議的現象。

只因作者保羅出自西方文化，表達的形式難免擺脫不了基督教的味道，因此他在原序中一再聲明，對這個第一人稱，你

願想成佛陀、觀音、穆罕默德、老子、梵天都可以，目的只是借用歷史上熟悉的「精神權威」，引出我們每一個人與生俱來的「內在智慧」而已。

當這內在智慧一經喚醒，「名」與「相」的差異頓時失其意義，一切分別對立，不復存在，從此便不難由自己的心性通向所有的人性，治癒了人類的根本問題——分裂意識。

人類與「內在的惡」以及「外在的魔」戰鬥太久了，我們愈是嚴陣以待，它們愈是勢不可當。其實，惡，只是缺乏愛的一個幻象，黑暗也只是缺乏光明的幻象；愛與光明一旦現身，惡與黑暗便悄然隱遁，何需大動干戈！

《無條件的愛》藉用歷史上成道者的大我意識，喚醒紅塵中人早已遺忘的完美自性，找到本有的愛與光明。唯有由此出發，才能消弭地球進化史上的廝殺之聲，唯有著眼於此，才能拭去修行道上的斑斑血跡，也唯有隨時更新這一記憶，我們這一群返鄉的遊子才能在人間演出一場歡樂的喜劇。

2003年6月 若水誌於如客陵星塵軒

序二 § 與心對話

兩年前，我的處女譯作《寬恕十二招》，好似把我活生生地剝了一層皮。這回，譯出《無條件的愛》，身心的經歷更為慘烈，整個人好似被丟到洗衣機裡，翻攪得快不成人形。經過兩年的揉搓與洗滌，我快要認不出自己了。

雖然，我們知道，寬恕並不是原諒別人的過錯，而是原諒自己為了自衛而作的錯誤詮釋。然而，當我們把向外指責的手指頭硬收回來，不再投射時，卻猛然發現那根指頭竟然冷冷地轉向自己，無言地自我譴責。於是，在寬恕的過程裡，各種情緒東冒出一點火花，西冒出幾根刺來，讓自己窘態百出。

我們若誠實地面對內心五花八門的情緒，聆聽它捎來的訊息時，便會發現每一個負面情緒，最終都指向同一個課題：「我不夠好」。這是人類共通的問題，也是人間衝突的導火線，使得自己在寬恕之際，常有力不從心之嘆。

　　《無條件的愛》一開始便提醒我們：「讓自己吃盡苦頭的，其實不是別人，而是你自己。你就像所有的眾生一樣，老是自苦於『不夠好、不配得』的感覺。自我價值的問題一旦未能化解，就會轉變成你的存在困境。換句話說，你這一生就是為了解決這一問題而來的。」

　　我常聽到身邊好友的嘆息：「當發現自己的心結只是『認為自己不夠好』時，我試著給予自己一些愛，卻愛不出來。直到最近，我才明白那個愛必須是無條件的。但是，現實生活中，所見到的全是有條件的愛。這世上真的有無條件的愛嗎？它從何處來？又如何給予？」

　　當他們一聽到我正在翻譯《無條件的愛》，眼睛紛紛為之一亮，不斷催促並鼓勵我趕快譯出來。然而，譯書對我而言，並非單純地將外文譯成中文而已，我是藉著翻譯來補修自己未學會的功課，所以經常卡在自己運用不出來的困境裡，而不得不停筆，重新體驗，再三實驗，翻譯的速度便一直快不了。

　　更何況，《無條件的愛》是要將我們引入自己一直想要否定及遺忘的那個角落，內心的抗拒使我的翻譯腳步更加顯得蹣

珊。幸運的是，好友若水一路陪伴著我走過這一考驗，許多部分經過她的重譯以後，「愛」的能量躍然紙上。最後，再經李安生先生的細心審校，煉出此書纖細及撫慰的風格，每一字句讀起來，彷彿聽到內在的大愛正向我們輕聲細語，不知不覺隨著文字滑入大愛的懷抱裡。

最後，很感謝身邊的親友，在我不眠不休譯書之時，給予支持與鼓勵。尤其是中華新時代協會祕書長品如，以及讀書會的諸多好友，不時為我加油打氣。

周玲瑩完稿於內湖

無條件的愛 contents 目錄

§ 前言 §

首先讓我聲明一下，我能透過你說出多深的話，端看你想掌控的意願能夠放下多少而定。任何人只要有心，我都可以透過他說話。

你所聽到的，大多與早先存在你心裡的東西有關。願意聽我的人仍然會受先入為主的偏見所左右，這是無可避免的。若要迎接我的來臨，他必須先懷有與我溝通的願心才行。我不會勉強任何人的，我們之間的關係必須心甘情願，這才表示你準備受教的時刻到了。

你願我離你多近，我就離你多近，因為我本來就是你心裡的一念。我的一切都來自那一念；同理，與我無關的一切則是來自另一類心念。這你只能從經驗中慢慢體會了。

有些人自稱是我透過他們說話，其實他們聽到的是另一類

聲音。我的聲音從不譴責，也不會讓人畏懼，我只會祝福每一個人。我願你們每一個人從此都能堅信不移：你們是無罪的，除了你們心裡認定的罪咎以外。然而，這個想像出來的罪咎，是可以化解，而且也必須化解的。

我的教誨很簡單，只是教人寬恕罪，因罪本身，並不是真的；唯有當你相信自己可能受到傷害時，罪才顯得真實無比。因為你相信你是一具身體，身體一旦受到了傷害，你便相信自己已經受到了欺凌。

我了解你很難放下這種信念，但那正是我要教你的：你不是身體，身體有生有死，但你是不生不滅的。

你絕不是那個有限的念頭，任何限制你的想法都是來自身體，因為它有生有滅。身體，不過是顯示出你信念的藍圖。身體有清有濁，但它們都有一個開始，也都有一個結束，而且全都是受自己徵召而來的。

我是個無限的一念，因為我可以延伸到無形無相的神性之內，沒有任何一種形相能容納得了我。在完美的寬恕下，我融

入神性裡。我沒有內咎，也沒有怨尤，我不相信自己會受到傷害，也不相信我有能力傷害別人，因為我確信每個人在神性之內都是平等的。

我知道你很難相信這一點，因為你觸目所及，盡是不平等的現象。其實，這些不平等只是反映出你的投射罷了，它們全是你一心想要維繫的虛妄之境。你不必繼續支撐它們了，只要你能夠把大愛普施於每一位弟兄身上，那些不平等的現象便不攻自破了。也唯有如此，你才能把天國帶到人間。

不必為別人曾做的或沒做的事而操心了，評斷他們的想法或作為並非你的責任，你只須對自己的想法和作為負責就夠了。只要你起心動念都能回歸神聖自性，那麼，無需任何隻字片語，就足以影響別人。

愛心，只能來自於自我負責的心態。為了你自己和別人的緣故，盡力而為吧！其餘的，上天自有安排。

你無須對別人的選擇負責，他們也無須為你的選擇負責。然而，你們不只是能夠而且也必須在彼此身上學習，因為你的

選擇與你弟兄的選擇並沒有什麼不同，你們所犯的，常是類似的錯誤。

錯誤，是學習的大好機會。譴責弟兄所犯的錯誤，就等於假裝自己不曾犯任何過錯。讓我借用福音的話，再問你一次：「你們當中，誰有資格扔出第一塊石頭呢？」

把你的弟兄從你心裡對他的批判中釋放出來吧！釋放他，等於愛他，因為你已經將他安置於愛所在之處了，在那兒，全然沒有批判，全然沒有評斷。

悟道的關鍵，就在於照料自己的念頭。因為不論你選擇與我同行或背道而馳，我都在你的念頭裡。我是永恆不渝的，這點與你不同。我絕不會棄你不顧的，我永遠在你身旁，只等著你前來指認。

你若想變得像我一樣，就必須學習像我一樣地去想。你若想要學會我的想法，就必須把你的每一個想法都交託給我，我會告訴你它對你是否真有幫助。無益的念頭必須去除，那是修心最基本的要求。唯有輕喚我們回歸真相的祝福心念，才具有

保留的價值。

　　我的教導常常遭人扭曲，這類情況仍會繼續下去，只因它威脅到所有的虛妄念頭。那些妄念到了無路可退時，只好反過身來利用這一教誨，按照自己的需求而賦予新意。無須多久，它們就會把跟我的精神背道而馳的話硬套在我頭上。

　　因此，你務必提高警覺，但無須敵視這種扭曲，也不必攻擊或企圖中傷它，因為這樣反而會使它如虎添翼。只要你心裡清楚明白，並且為了真相而拒絕虛妄，那就夠了。

　　只需要一個虛妄的念頭，便足以讓那想出它來的心靈陷入絕境；也只需要一個真實的念頭，便足以讓天國重現人間。因此，明智地選擇你的思維方向吧！當你無法確定如何去想的時候，把你進退失據的困境交託給我。這一交託，不像你在世上所學的那種交託，因為世界會利用你的交託，反過身來無情地控制你，我卻能透過你的交託，溫柔地將你從虛妄中釋放出來，然後把你交還給你的真我，也就是你的圓滿自性。

　　凡是與我同道的人都會加持你，教你珍惜自己，接納自己

的現狀。與我背道而馳的人，則會在你身上找到一堆的不是，而設法修理你，還會要你依賴他們才能獲救。不要接受那些謊言，好好學會分辨吧！世上沒有任何人能給你答案，唯有信任我們自性的帶領，才能找到更好的答案。

一 § 關鍵問題

讓自己吃盡苦頭的，其實不是別人，而是你自己。你就像所有的眾生一樣，老是自苦於「不夠好、不配得」的感覺。你覺得自己犯下許多嚴重的錯誤，遲早會受到外在權威的懲罰，也許來自人，也許來自神，乃至於種種的因果報應。

「自我價值」的問題一旦未能化解，就會轉變成你的存在困境。換句話說，你這一生就是為了解決這一問題而來的。你選擇了自己的父母，原本就是要把內咎激脫出來，你才會察覺到它的存在。然而，你若為自己的問題而一味責怪他們，是無法幫你脫離困境的；眼前的際遇原是你們前生的約定，唯有深入覺察你內咎和恐懼的信念，以及它們相互影響的模式，才是真正的出路。

要求自己的配偶彌補你父母無法給予的那一份愛，也同樣無濟於事，那只會升高壓力鍋的溫度而已。如果你發現自己選

擇的伴侶與你父母好像是同一個模子造出來的，不必感到驚
訝，他正是你心理治癒不可或缺的因素。除了直接面對自己的
創傷，此外別無他途。父母、配偶和兒女，都是來此幫你看到
自己需要治癒之處，而你在他們生活中，無疑的，也擔負著同
樣的功能。

　　想在有限的世界裡尋找無限的愛，必定徒勞無功，因為大
眾的行為跟你一樣出自愧咎，他們無法給予你認為應得的愛，
而你也一樣無法給他們。所以，你能做到的最好方法，是讓彼
此更加意識到自己確實需要愛，並且率先負起愛自己的責任。

　　你若不願負起責任把愛帶到自己的傷痛處，你就無法走出
「攻擊 — 防衛」、「內咎 — 譴責」的惡性循環。然後，你的憤
怒、傷痛、背叛等等感受，全都變得理直氣壯，使人際衝突更
加白熱化，讓你下意識裡不得不相信自己是個「不值得愛而且
也無能力愛人」的人。

　　你必須試著看清你憎恨自己到了何種程度。除非你能在自
己的鏡子裡認出心裡隱藏的信念，否則，你一定需要周遭的弟
兄姐妹為你充當鏡子，幫你反射出你信念中的自我形象究竟如

何。這種練習本身也沒有什麼不好，但這絕不是最短或最容易的回家之路。因為我們常會認為自己所看到的都是別人該修的功課。

若要跳出這個可怕的世俗心態，你就絕對不能繼續再玩投射的遊戲了。這類遊戲只會把你下意識裡的死亡傾向隱藏在譴責和道德判斷的外衣下，然而，當你為了證明自己無辜而讓弟兄去作代罪羔羊的一刻，你同時也加深了自己的罪惡感和恨自己不如人的心理，這確實是一大弔詭。

想要脫離這種相互譴責的惡性循環，唯有「停止譴責」一途。但是，你心裡最好有若干的準備，因為當你想要走出這一循環時，你會發現自己成了不受歡迎的人物。那些不願加入世間投射遊戲的人，常是第一個受到攻擊的。

承認自己的恐懼而不願繼續投射的人，必會威脅到世間的遊戲規則；承認自己的凶惡念頭，並且有心找出念頭背後元凶之人，必會威脅到整個社會的道德理念。人類社會裡，必定有對錯之分，做對的人應獲獎賞，做錯的人應受懲罰，一向都是如此。然而，我的教誨打破了這項基本假設，從最表層來看，

它徹底挑戰「做錯就應受罰」的信念。當世人要求報復時，我必然挺身而出，永遠為寬恕站崗。

從深層來講，我的教導推翻了「人該為自己的錯誤而受懲罰」的觀念。若有人做錯，那是因為他的想法有問題。他若了解自己的想法虛幻不實，就能改變自己的行為。為了整個社會著想，我們應該這樣幫助他。我們若懲罰他，只會增強他的虛妄觀念，並加深他的內疚而已。

你聽過這種說法：「負負不得正」，那正是我教導的重點。所有的錯誤必須以正確的方式修正，否則修正本身會淪為一種攻擊，而與那虛妄的想法對立。若是一心想要打倒它，或與它爭辯到底，其實只會強化它，並與它一起墮入暴力途徑。而我的方式是非暴力的，在解決問題的過程當中，答案就已顯示出來了。它帶給受苦者的是愛，而不是攻擊，它的方式與目的是一致的。

找出別人的錯誤，等於教人內疚，更加鞏固了「傷痛與苦難乃是天經地義」的人生信念。正確的做法，則是教人愛，發揮愛的力量，克服一切苦難。總而言之，找出別人的「錯」，絕

不會是「對」的事；我們也可以這樣說：你做得「對」的話，就不會去找別人的「錯」了。一言以蔽之，你若想做得「對」，必須直接從對的地方下手。

你不可能用「不愛」的方式去愛人。攻擊「不對」的，不可能讓你成為「對」，錯誤只能加以化解，不能打擊它，因為所有的錯誤都是源自恐懼，唯有先解除恐懼，錯誤才有辦法修正過來。

愛，才是解除恐懼的唯一方法。你無須相信，只要一試便知。去愛那些讓你擔心害怕的人或境遇，你心裡的恐懼就消失了。這是真的，並非因為愛能夠化解恐懼的毒害，而是因為恐懼本身即是「缺乏愛」，所以只要愛一來臨，恐懼就無法立足了。

大多數人都很熟悉恐懼，卻很少了解愛。你害怕上天、害怕神明、害怕彼此。但是，你為何感到害怕？因為你相信自己既不值得被愛，而且也沒有能力愛別人，這種心態或信念，才是真正需要修正之處。只要解除你對自己的這種錯誤信念，你生命中的所有負面因素，便會從此消失蹤影。

　　我的朋友，你不是自己所想的那種人，你不是那些負面信念和行為的總和。那只是你心目中的自我形象，而不是真實的你。你是上天之子，而我也是。上天的一切美善和真實就是你的美善和真實，接受這個事實吧！即使僅僅一剎那，都足以轉變你的一生。同樣地，也接受你弟兄的這個真相吧！即使只是短暫片刻，你們之間所有的衝突便會到此結束了。

　　你所看到的一切，都是直接根據你的信念而形成的結果。你如果相信自己有罪，就會看到一個充滿罪惡的世界。有罪的世界終將受到懲罰，所以你也會受罰。「上天將會毀滅你，祂將毀滅整個世界，祂將施予報復。」我的朋友，這些全是你自己想出來的，那些褻瀆的想法，荒謬到了極點，你卻套在神的頭上。慶幸的是，我了解這只是你打擊自己的伎倆而已。

　　這一伎倆只能算是一種拖延戰術，遲早，你會厭煩的。遲早，你會開始排斥那由內疚衍生的一套觀念，不論是各個擊破，或是整體放下，你終會重整旗鼓，返回家門的。

　　我的朋友，我以喜悅且確信之心等待你那徹底誠實而負責的一刻到來。當你看到自己的美善，也如此看待你弟兄，知道

你們畢竟無二無別時，你與生命根源的分裂便會逐漸消逝，神采奕奕地與我並立於天地之間。

那時，你便會明白上天對你的愛是無庸置疑的，祂永遠不會遺棄你，即使在你極度瘋狂迷失、認定上天在懲罰你，甚至存心毀滅世界之際。那時，你便能體會心靈的創造力量，自會選擇與祂共同創造，再也不願與祂分開了。

二 § 修練

修練這兩個字，常易引起誤解。你所修的其實都脫離不了自己熟悉的那一套，而你最熟悉的莫過於內疚、恐懼和攻擊這類把戲了，你當然不願繼續操練那些讓你吃盡苦頭的信念和行動。

那麼，你該如何修呢？或許，你可以從簡單的覺察開始。試著覺察自己的內咎、恐懼，和攻擊。不去掩飾，也不否認，或投射到別人身上。當你覺察到它們時，僅需誠實面對就夠了。

生氣、愁苦時，不妨問自己：「我為何生氣？我為何覺得需要保護自己？我在害怕什麼？」不斷追問下去，直到看到了生氣和恐懼的真正源頭。等你擺脫了情緒的困擾後，不妨再次反問自己：「我究竟在內疚什麼？」

　　那個「疚」究竟是什麼？就是你一生裡所有的負面情緒，它們全都來自你潛意識裡的「疚」與「愧」。唯有把它們牽引到意識層面，進入你的覺識，你才有化解它們的機會。

　　「不夠好」和「不配得」的感覺，常常害你冥冥中怕受到報應，你若老認為自己不對勁，或做錯了什麼事，自然會害怕遭到懲罰。一旦害怕被罰，你就會設法保衛自己、抵制自己的假想敵。難怪一感到別人質疑你的價值時，你就準備扣板機了。

　　內咎和報應的整齣戲原本只在你的心裡上演，一旦投射出去，你就把別人捲進來了，要別人跟你一起解決。然而這樣做，只會提高賭金的籌碼而已。你若覺察不到自己原是元兇，而強拉別人來共同解決，這一計謀通常不會得逞的。

　　最好的方法還是從覺察自己的想法開始。由之，你不但會發現，內咎原本是所有痛苦的根源，而且你還能看出，自我寬恕才是你修練的首要之務。不寬恕自己，就無法化解內咎。所以，解脫的劇本也只能在你內心裡如實開演。

　　你有罪或無罪，完全是你自己在心裡認定的，跟多少人惡

意對待你無關。譴責他們無濟於事，你才是定自己罪刑的法官。只要你還會為自己的問題而怪罪別人，就等於拒絕寬恕你自己。

法官和陪審團都只存在於你的想法裡。你既已定了自己的罪，現在也惟有靠你來解除它了。除非你解除自己的內咎，否則，你是不可能拾回自己清白本質的。這是寬恕的真諦，它與寬恕別人無關，卻與寬恕你為自己所定的罪有關。

這才算是修練，而且在任何情境中都能夠操練，你一生的經歷都是你探索自我的領域。只要能覺察自己每一個想法和每一個感覺，不需多久，你就會找到那讓你內咎和痛苦的根源了。

沒有人逃避得了這門功課，它是覺悟的必修課程。你愈早了悟這一點，這一條路，你就能走得愈輕鬆。

三 § 弟兄

你始終高估了弟兄在你生活裡的重要性。一方面,你喜歡把所有的問題全怪在他頭上,定他的罪,就像你曾經定我的罪一樣。另一方面,你又會過於抬舉他、崇拜他,就像你崇拜我一樣。

長久以來,你一直很難以平等方式看待你的弟兄。我曾要求你愛鄰如己,我給了你一個簡單的原則去處理生活中的關係。不幸的是,你既不愛自己,故也難以去愛鄰人。

學習愛你自己,和學習愛你的鄰人是一體的兩面;你不可能愛你的弟兄卻恨自己,也不可能只愛自己卻恨弟兄。你對弟兄的感受不過反映出你對自己的感受罷了。

正因如此,你與弟兄的互動適足以幫你看出你必須寬恕自己的地方。寬恕弟兄對你的冒犯,只有在幫他寬恕自己的前提

下才真正有用。同樣地，接受弟兄寬恕你對他的冒犯，也有助於你寬恕自己。

你如果很在意別人的寬恕，你才需要別人的寬恕，那你就會像大多數人一樣，需要做一些事後的彌補動作。請求別人的寬恕，不過顯示了你有心改變自己對那個事件的看法，這在整個過程中是很重要的一步。

然而，千萬不要錯把寬恕你的「權力」交在你弟兄手中，因為這等於把權力外放，而且放錯了地方。請求弟兄的寬恕，他若拒絕，並不表示你永遠得不到寬恕。事實上，寬恕永遠都在你自己手中。那些不肯寬恕的人，只會使得自己享受不到寬恕的美果而已。

你若發現自己在譴責弟兄，你放心，你譴責的並不是他，你譴責的是你自己某些不肯承認的愧咎。看到你弟兄的弱點，並不會讓你感到好受，它只會讓你更加懷疑自己的價值。

攻擊弟兄不會讓你平反，也不會帶給你救恩的，請看清這一點。你釘入弟兄手心的每根釘子都會將你反扣在十字架上。

我就是最好的例子，除非你中止自己的攻擊念頭，否則在你的想法裡，我會永遠被釘在十字架上。在你解脫以前，我們同在一條船上，都一起被釘在十字架上。

與弟兄互動時，你只有一種選擇：或者視他爲純潔無罪，或者證明他有罪。這個選擇會一次又一次地來臨，每一天，每小時，甚至每分鐘；而在每個想法裡，你若非囚禁你的弟兄，就是釋放他。不論你選擇如何對待他，那就是你對待自己的方式。

你不可能把弟兄扯下來，自己還上得了天堂，你也不可能背著他去天堂。上天自會賜給每個人找回自己純潔無罪的方法。你只需認出弟兄的眞貌，一路祝福他就行了。他若尋求你的幫助，就高高興興地給，但切莫越俎代庖，替他去做他自己該做的事。

你有必要劃一個適當的界限，以免自己越過了界。不要讓弟兄爲你的平安和快樂負責，而你也無須爲他的平安和快樂負責。他不是爲拯救你而來，你也不是爲拯救他而來的。

同時，將弟兄從你對他的每個怨尤中釋放出來，不要用任何理由拒絕他所需要的愛。因為讓他不快樂，不只侵犯了他，還會使你再次陷身於恐懼和內咎之中。

不要迴避弟兄求助的呼求，按照他的需要，讓他待在你身旁奮鬥吧！當他準備離開時，祝福他，並提供他旅途所需的食物和水就行了。別讓他覺得虧欠你，但也別強迫他繼續留在你身邊。

你弟兄的自由象徵著你自己的自由，因此，讓他悠游自在地來來去去。當他來時，竭誠歡迎他；當他走時，祝他一路平安。你能做的只有這樣，而且這樣也就夠了。用這種方式對待每位陌生人，你就會看到一個充滿信任和慈悲的世界。

你願怎樣愛自己，就怎樣愛你的鄰人，把他看成和你一樣重要。不必為他犧牲，也不要他為你犧牲，只是盡可能地幫助他，並在你需要時，安心地接受他的幫助。這種單純而高貴的互助，充分表達出接納與愛心的初衷，自自然然地流露出彼此的信任和相互的關懷。

　　超過這一界限，表示你做的過多了；少於這，就表示你做
的還不太夠。

四 § 詮釋

　　日常生活裡，你往往根據自己的基本信念和隨之滋生的情緒來詮釋所發生的事情，例如：你的失望常會牽連出你自嫌不足的內疚陰影。其實，每當期待落空時，你只需把它當成一個改正的機會就行了。那個陰影不過是爲你指出你尚未看到事件的全部眞相，而你需要去擴大自己的認知範圍。

　　修正本身毫無攻擊之意，也不是一種懲罰。當你一有不順心的事情，就覺得自己受到了攻擊或懲罰，這種想法全是出自內疚的驅使。若非內疚作祟，你不只會滿懷感激地接受修正，更會心甘情願地擴大自己的認知領域，接收新的資訊。

　　一切生活經驗，只有一個目的，即是拓展你的覺知能力。你所看到的一切，都是自己營造出來的。在意識層面，你也許無法控制你的際遇將會如何，但有一點是可以確定的：你一定會根據自己的信念來詮釋所發生的一切。

　　接受你眼前的遭遇，並從中學習吧！唯有如此，你才能重獲自由。當然，你也大可排斥自己的遭遇、拒絕從中學習。但是，這樣的選擇只會帶給你痛苦。你現在可能還不明白這一點，但很快的，你就能領略箇中的道理。

　　你也許會問：「接受自己的遭遇，並從中學習，果真能解除我的痛苦嗎？」問的很好，你不但能解除痛苦，還會油然生出隨順天意之後的喜悅，因為當你欣然迎向自己的經驗時，就表示你願接受修正，於是，你的心念便自然而然和天命相通了。

　　生命，若非抗拒，就是臣服，人生種種的選擇，最後只能歸納成這兩種。抗拒，會導致痛苦；臣服，則帶來喜悅。抗拒，表示你決定獨自行動；臣服，則是決心與天道同行。

　　你若老是和別人的言行唱反調，怎麼可能體驗到生命的喜悅？唯有全心獻身於真理實相的人，才可能體驗到喜悅。真理從不拒人於千里之外，它不斷邀請我們參與其中。

　　真理之門永遠敞開著，你無法關閉它，但卻可以決心不進入其內。你可轉身走開，但絕不能說：「我試著進入，但門卻關著。」

須知道,這扇門永遠不會因你或任何人而關閉。你若覺得眼前這扇門關著,那只意味你在用恐懼的心來詮釋你的經驗。你認定它是關著的,事實不然;一旦你如此相信,便會使其他人也如此認定。你一向有顛倒真相的本事,按照自己的心境賦予每件事物意義,把是當成非,把錯視為對,你的信念確實具有如此強大的威力。

即使你存心扭曲真相,但這並不意味真理不再是真的,最多只表示你把人生真相隱藏得如此之好,以至於連你自己都看不到了。所以,你如何詮釋你的經驗,這才是問題的關鍵。當你的期待受挫時,你願意接受它為改正的機會,還是寧可認為自己受到不公平的待遇呢?你願做某經歷的受害者,還是學習者呢?你願把自己的經歷當成一種祝福,還是懲罰呢?你必須不斷問自己這類的問題。

每個經驗,其實都給了你一個擁抱真理和拒絕幻相的機會,從這角度來看,它們沒有什麼較好或較壞的差別。所有的經驗,都具有同等效力,它們都是為你的神性催生而來的。所以,千萬不要絕望,你永遠都有機會改變自己的心態。不要聽信別人的那一套。沒有末日審判這一回事,唯一的審判,就是你透過我的眼光來看待你自己。

　　此刻，也許你仍然難以接受我的說法。也許你確信自己曾經帶給別人不少痛苦，或別人曾經使你受過苦。即使你現在還在排斥我的說法，但絕不表示我會撤回我給你的這些禮物。你需要多久時間才肯清醒過來，又豈能影響得了我？當然，時間對我來說，從來不是個問題，對你也不是；你會有足夠的時間犯錯，然後再從錯誤中學會一些東西。

　　當每個人都學會了自己在世上該學的東西時，這個世界就沒有存在的必要了，在你眼中好似永恆常存的物質宇宙就會化為虛無。你一旦清醒過來，它就不具任何目的了。這一刻，遲早會來到，無須著急，無須焦慮。

　　不必催趕生命之流，也不必癡想時光會倒回，那對你沒有任何益處。此時此刻，天命正在你心裡運作，而你必須學習信任它。

五 § 奇蹟

奇蹟，就是天命躍動在你心靈和生活裡的最佳證明。我們真的需要奇蹟這個教學工具，就像二千多年以前耶穌時代一樣，每一個奇蹟，都驗證了「愛大於恐懼」這個事實。

不要低估了恐懼所建構出來的世界，看看你的周遭，正視一下自己的念頭，哪個角落不是籠罩在恐懼的陰影下呢？我無意洩你的氣，只是教你面對現實，看看這些事件發生在你的世界中的樣子。不妨全面檢視一下你的念頭，除非你能看清自己的想法是怎樣被恐懼所籠罩，否則你根本無從進入愛的領域。

唯有誠實覺察出內心的恐懼，你才會有重新選擇的機會。但請不要試圖用積極的、愛的想法來取代負面、恐懼的想法，那樣做只會加強內在的衝突而已。此時，你只需藉助於覺知，覺察自己的恐懼，並去感受一下；當你全面地感受到它的存在，就能對自己說：「現在，我已準備好穿越自己的恐懼了，

天父，請幫助我吧！」然後，誠心地接受你祈求來的助緣。我
向你保證，你絕不會空手而返的。

　　就在你祈求天助之際，表示你承認有一個力量大於你的恐
懼，也表示你甘願與那個力量合作，去跨越生活裡的恐懼和衝
突。同時，你還需認清一事：當你祈求時，你是在祈求上天幫
助你改變自己的想法。所以，請堅定地說：「天父，我願意改
變我對這事的看法，請幫我用祢的眼光來看此事，放下恐懼的
眼光，讓我能夠用一種對自己、對別人都同樣充滿慈愛的眼光
來看這一件事吧！」

　　我的弟兄，這才是有力的祈禱。試著在祈禱中安靜片刻，
安息在它的力量和平安裡，聆聽祂答覆你的每一句話，每個暗
示，和每個行動。只有當你真的準備好接受時，你才可能看到
奇蹟。

　　如果想經驗到奇蹟，必須具備下列因素：

　　1. 你必須清楚自己確實需要它。
　　2. 你必須真心誠意地祈求。

3. 你必須心甘情願地接受。

當上面三個因素都全部具足時，奇蹟才會顯現。

不幸的是，即使奇蹟顯現在你眼前，你也未必知道。何以如此呢？只因為你有一個先入為主的觀念，認為它必須像什麼樣子才算奇蹟。所以，即使奇蹟發生在你身旁，你也極可能認不出來。

相逢卻不相識的奇蹟，對你又有何用呢？你若真心想要奇蹟，小心，它大有可能不是你所想的那樣。保持一顆開放的心，接納它的來臨，並允許它呈現本有的面貌吧！

有些人可能會問：「為何上天不直接賜給我所要的奇蹟呢？」那是因為你所求的那類奇蹟並不能將你從恐懼中釋放出來。因此，那不但不是奇蹟，反而還會讓你的恐懼繼續去營造類似的情境，讓你一輩子都在癡心妄想那種奇蹟前來拯救。

讓上天用自己的方式來答覆你的祈禱吧！不要替祂指定你需要什麼，祂比你更清楚你真正的需要，相信祂吧！把心打

開，邀祂進入你的生命裡，誠心向祂學習如何成為屬靈的人。
這樣的意願，便足以化解你所有的恐懼；這樣的意願，便足以
讓你悟入那本來圓滿的自己。

六 § 善用現有的一切

你若想讓生命更有意義，無須重新打造一個生命羅盤，只須環顧一下四周，就會看到許多足以讓你發揮自我的途徑。它們也許差強人意，有些還需要你去多方調適，但都沒關係，學習適應本身即是一件好事，何況還會幫你進一步體會出，即便是同樣的事情，也許可以有很多不同的說法和做法。

你如果還在企求外在情境的完美，例如完美的工作、完美的人際關係等等，那你註定會挫折連連的。要知道，這個世界並無法在外在形式上滿足你對完美的渴望，它只會提供你成長和改變的機會。只要你不執著於非要如何不可的樣態來表現自己，你的日子就會好過得多了。

珍惜當前所有的一切外在條件吧！放下你先入為主的成見，每一刻，都是嶄新的一刻；每一情境，都在挑戰著你不同的東西。你若執著於某種特定的說法或作法，就會處處被時空

束縛。這類執著會使你受制於過去，讓你陷於虛妄的自我而難以脫身。你所經驗到的每一個遭遇，都好似向你挑戰：你是否甘心放下它？是否信任上天的帶領？是否願意掙脫時空的束縛？

如果你不再執著於任何外在形式，就會易如反掌地掙脫時空的束縛，因為你的焦點放在「現在」——那個永恆不滅的當下一刻。無論發生何事，你都全神貫注。然而，你們當中有多少人能全然活在自己的當下經驗裡？大多數的人，忙於評估經驗，忙於找出問題，希望它看起來能如你期待的那個樣子。換言之，你掉在自己的虛妄身分中，要「現在」聽從「過去」的支配。

誠實地問一下自己：你是否仍在追尋一個安穩的、可以十足自我掌控的人生？那是你由衷的企盼嗎？若是如此，那你最好要有心理準備，世界絕不會如你所願的。世間萬象，始終在變動著，沒有一事一物是不變的，也沒有一事一物是可以預測的，充其量，它只能給你短暫的安全感。念頭來來去去，人際關係分分合合，身體有生老病死，整個世界所能給你的，不過是無常、成長和變遷。

　　一切外在情境都不可能恆常持久；在本質上，所有有形有相之物都是無形無相的原初宇宙的變種。無所不容、無所不受、無所不愛的本質，是不可能受制於任何形式的。因此，愛無法挑選它的被愛，或決定何時去愛。愛，時時刻刻都延伸到每個生命，它是無條件的，所以才能說，愛是「超越一切形相」的。

　　如此說來，是否意味著你在世上就不可能經驗到愛呢？當然不是！我只是說，愛的體驗會隨著你慣有的詮釋或想要掌控它的程度而遞減。一加上詮釋，就等於是在無條件上設置條件。你一旦為愛設置了條件，你所經驗到的便會停留在那些條件上，而不是愛的本身。你所得到的是它的外殼，而不是內涵。

　　愛，只能透過一顆開放的心來表達出去。開放的心並非一種心理技巧，而是超越所有觀念界定的一種願心。因此，形式即使改變了，心靈仍會一無所懼地迎向那個改變的內涵。

　　想要了解世上一切事物，你就必須學會超越表相，去透視背後那充滿創造力的意旨。只要對焦於每個人言行背後的意

旨，你便能清楚地看出他想要表達的初衷。你若只著眼於外在的表相，你看到的，不過是它對你所獨具的特有意義而已。

「看透表相」，不過是說「越過自己的偏見去看」。如果想看到弟兄的真相，你就必須超越你對他先入爲主的評判；如果想認識他，你就必須親近他，打開你的心，探問他的用心立意，那是你認識他的唯一方法。

當一個人的用意改變了，承載那意旨的情境也會跟著改變。只要你對自己和別人的用心立意足夠敏感的話，就不難接受外在情境的改變。若想超越形式，你必須親近他人，而非遠離；與別人保持距離，絕不會帶來超脫的心，只會適得其反，唯有讓他人進入你心內，你才有能力釋放他們。

慈悲和超脫是並肩前進的。你無法一邊愛他、一邊又想控制他。唯有給他最想要的，才算給你弟兄自由。你不給他自由，就等於沒有給他愛。一個人會執著於外在表相，通常都是源自最深的不安全感；箇中的意涵，必須等到你放下這一執著以後才可能了解，而這樣的進化過程是勢在必行的，它早已刻畫在生命的藍圖裡了。

　　你生命中的每一個遭遇，都爲你提供了一個契機，以便建立更深的關係及更大的自由。當你愛的人愈來愈多，也愛得愈來愈深時，就自然不會黏著其中某個人不放。你不再貪戀某個特定的人，而是深深摯愛他們所加於你的愛。這種愛，超越了外在的身形，更超越了種種表相而昇華爲神聖的大愛。

　　當我要求你善用此刻所遭遇的一切情境時，我是在要求你變得柔軟而具有接納的心，在要求你著眼於他人心意所在的那一層面，在要求你放下自我掌控或妄下界定的習性，然後，去跟人們建立親密關係。若能做到這一點，你就不再受限於外在情境，不再被它纏縛了，如此一來，你才能自由自在地發揮你的創造力。

　　這是我能給的最好忠告：活在當下，放下期待，並且不要執著於任何成果。既不抱怨此刻上天所賜的種種外境，也不賦予它任何額外的意義。圓滿幸福不在你外，也不待外求。你若眞要找尋眞理，往內看去！一旦看清了自己的用心，你才不會錯估他人的用心。

七 § 向神聖之境開放

除非你明白每個人都是善的，否則便無法在自己和別人身上找回美善。你經常這樣分別、判斷「這是好的，那是壞的」，也照樣如此評斷自己和弟兄。要知道，這種心態是不會讓你活得心安理得的。

你的弟兄沒有好壞之分，你也沒有善惡之別，你們雙方都只有善，沒有惡。你可能認為自己不夠好，甚至認定自己一無是處，然而，這只是一個錯誤的信念而已。你若緊抓這個信念不放，不只會伺機折磨自己，也會找藉口去修理別人的。

我說你只有善沒有惡，究竟是什麼意思？是否表示你絲毫沒有負面想法或行為嗎？當然不是，否則你就不會活在眼前這個世界了——這個世界，正是你種種正面和負面想法及行為所營造出來的，它充滿陰影，是個黑暗和光明混雜的世界。

其實，你經驗到的整個世界就是由各種想法構成的，如果你能夠清除心裡的負面念頭，便可以活在一個全然不同的世界裡。那個世界只有善念，競爭或比較的念頭無法立足。沒有比較，就無須詮釋，因而，也就沒有失敗、懲罰、犧牲、受苦等等相繼而來的諸多困境。你能想像一個光明燦爛的無罪境界嗎？這樣的世界，你可能感到陌生，但相信我，它絕不比你眼前所在的世界更難創造。

只要你相信自己和弟兄只有善，沒有惡，你就已經開始在創造這樣的新世界了。正因你對「惡」心存恐懼，才會把「惡」弄假成真。所有負面的想法，其實都源自於恐懼，而「惡」的觀念本身即屬於那個恐懼之念。

除了上天賦予你的美善之外，你還有什麼其他本性呢？你若還懷疑自己不夠好，只表示你仍活在恐懼中而已。就這樣，你生命的美好不時受到懷疑和恐懼的偷襲。不妨自問一下，在一天當中，你對自己性善的肯定及對弟兄的肯定，曾受到懷疑和恐懼多少次的挑釁？

你一旦體會到自己是如何受制於懷疑和恐懼的操控，才有

機會接納它，它們也才可能與你的意識共舞：「喔！是的！我知道我是善的，但……萬一我並非善的，那怎麼辦呢？」這種互動在心裡頻頻生起，反反覆覆地與自己對話。漸漸地，譴責的語調減弱了，當你不再害怕恐懼時，那聲音便悄悄溜走了。

認清自己的美善，才能消除內心的衝突。然而，認清自己的美善後，還須推己及人，你才保得住它。因為，你一旦著眼於別人的不善，懷疑和恐懼便會重返你的心裡。

所以，唯有神聖之境才能免於二元對立或任何的衝突。當你看到自己的美善，也能如此看待弟兄，知道你們不只相同，而且還是一體的時刻，你就已經向神聖之境開放了。神聖之境永遠是天人共享的，它從不排斥任何人。

所有的排斥都是出自恐懼，所有的批判也是出自恐懼。唯有當你拒絕接受惡、只願接受善時，才能從心裡根除恐懼。上天的每一個造化都是美善的，他也許會受到傷害，也許會傷害別人，甚至把自己的痛苦怪罪於別人，最壞也不過如此，但他絕不是惡的。你的慈悲必須深入這一層面，世上沒有不值得你寬恕的人，也沒有不值得你愛的人。

你可以自訂一些條件或找出一堆理由，但我不會受它們愚弄。我已把真相告訴你了，扭曲真相、醜化真相，對你沒有任何好處。

當你難以寬恕或難以愛某人時，坦白承認就好，切莫因為自己做不到而怪罪於他。當你害怕時，就直接說出這一感受，說出真相可以幫你維持心神的健康與清明。

唯有心懷恐懼的人，才會不斷批判別人。你已經超越恐懼了嗎？如果還沒，不妨直接承認自己在害怕，這樣，你既不會遷怒他人，而且還能逐漸看清恐懼如何扭曲了你的認知。承認恐懼，坦誠對待自己和別人吧！遇到衝突時，不妨坦誠招認：「我此刻感到害怕，而這會使我看不清事實的真相。」

放下你的批判吧！它們都是你看不到別人的美善而做出的無謂攻擊。把那些批判交給我來處理，你只須承認：「我無法正確地看待這位弟兄，因為我批判了他。請幫我放下批判，並幫我看出他的行為究竟鉤出我哪些恐懼來。」

你對弟兄的每一個批判，十足透露了你嫌惡自己或排斥自

己的那一部分。若非他鉤出你的痛處，你又豈會如此恨他？因此，任何為憤怒、恐懼、批判而辯護的企圖，都是難以自圓其說的，因為那純粹是為掩飾自己的錯誤而指控別人的伎倆，既不誠實，也缺乏擔當。

你明明知道如何中止對人的批判，但卻寧願為它不斷辯護下去。為什麼？只因你不肯承認自己的錯，寧可受苦也不願認錯，寧可假裝自己很完美，也不願承認自己仍是人生的學徒而已。多麼令人費解的傲慢呀！寧願繼續受苦，也還要堅持自己很完美的人，我如何牽起他的手一起前行呢？你若不願接受我的幫助，我就無從幫助你。

犯些錯誤本身並不可怕，它剝奪不了上天對你的愛和接納，但你卻堅信它會，這全是你自己憑空捏造出來的。做錯事卻仍堅持自己對，這才會讓你失去愛，因為那樣做，無異是在排拒一切「修正」的機會。

請試著了解這點：做錯並不代表「壞」，做對也不代表「好」。每個人在每一天裡，有好有壞，幾近百千次；我甚至可以告訴你，你這一生好好壞壞的次數，多如恆河沙數，根本難

以計量。這個世界有如一所學校，你是來此學習的，而學習，意味著犯錯之後知錯能改，並不表示你永遠都是對的。你若始終都是對的，那又何必來這所學校呢？

謙虛一點吧！我的朋友！你是為了學習而來的，接受這點，你才可能把握到這個人生課程。除非你承認錯誤，否則我無法幫你修正。只要你承認自己犯了錯，修正與寬恕便會隨之而來，那是我為你鋪設的道路。

我的朋友，不必渴望成為完美的人！那絕不是適當的人生目標。一心想要完美的人，註定要受苦一生，倒不如直接承認自己所犯的錯誤，並從中虛心學習，才是根本之計。

你一旦能夠坦然接受真相，不再一心想要博取他人的肯定；一旦放下了虛妄的驕傲，你便能不費吹灰之力而自然完美了。

甘願接受生命之主修正的人，他們的祈求是不會落空的。這絕非因為他們比別人更好一點，而是因為他們會求助。你也無須批判那些尚未準備好去承認錯誤的人，你只須承認自己的

錯誤，其餘的，就交給上天吧！

　　你可以與他人分享自己生命的悲歡離合，但切忌將自己的經驗硬套在別人身上，因為你並不了解別人需要什麼。

　　請記住弟兄的美善，也記住自己的美善，這樣，才能剷除所有恐懼和批判的根源。承認自己的錯誤，接納別人的錯誤，那是我對你唯一的要求。聽起來很簡單，不是嗎？正因太簡單了，你才會經常忘記。不必對自己失望，只要你一心一意渴望平安，它便非你莫屬。只要你肯下此決心，天鄉便已經在望了。

八 § 學習傾聽

對一切生活裡已發生或未發生的事物，你終日奔命，勞神役形，以至於無暇品嚐那些經驗的種種況味，甚至連自己的喜悅或痛苦，憤怒或悲傷，都幾近麻木不仁，這實是一大遺憾。

你浪費太多時間向外尋求問題的解答，其實，你只需花些時間與自己共處，答案自然會浮現出來的。

學習與自己的經驗共處，並非要你「搞清楚」問題的癥結何在；與它同在，也不是要你去分析它，而只是要你承認自己根本搞不清那究竟是怎麼一回事。你若不能與它共處，通常就會將它「理念化」而藉機逃避。

你原本時時刻刻都能接收到訊息的，它會幫你的生命之舟轉舵，讓你回歸正確航道。但你不肯花點兒時間「臨在」並「傾聽」，自然就很難聽到那些訊息。諷刺的是，當你最需要保

持安靜去傾聽時，卻往往驚惶失措地想盡辦法去「解決」問題。起初，你或許還不明白，但不久你就發現，當你愈想搞清楚，問題就愈是「剪不斷，理還亂」。總有一天，你會放棄慣有的運作方式，那時，你會開始反問：「為何我仍停滯在這個過渡期呢？我是否需要改變自己的生命重心呢？」到那時，你才會試著去聆聽答案。

一般而言，當你身處衝突的航道時，通常會接到這類答覆：「放慢腳步，看看四周，或許你已經偏離了心目中真正想去的地方。」這個答案，看起來並沒有什麼出奇之處，卻足以幫你推向下一步。放慢腳步，看看四周，表示你已經開始自我修正了。

當你的生活一切順暢無礙時，你通常不會想到自我修正的，非得等到波濤洶湧，你才可能暫停步伐，重新思考你的航道。這個適時的反省，很可能為你的生命帶來鉅大的轉變。因為，當你處處碰壁，走投無路時，你唯一能去的地方，就是進入自己的心內。

我無意要你每天冥想兩小時，我也沒說定時的冥想毫無助

益，我只是說，在生活的某些階段，你需要安靜下來，學習傾聽。你若學會珍惜那些時刻，就不致做出日後讓自己懊惱的事情。你愈懂得傾聽內心的聲音，就愈知道該如何與所遭遇的事件去「共處」。那麼，你才能與生命共同攜手前進，心甘情願地參與生活，並充分體會自己的遭遇。

你若不肯花時間與自己的經驗共處，便會感到自己就像是所有遭遇的受害者。這真是天大的自欺；在那當中，你把自己的遭遇當成必須克服而且能夠操縱的事。你的經驗若不符合你的期待，便覺得自己受到了不合理的懲罰。事實絕非如此，相反地，你所經驗到的，不過是你想去操縱生活而帶來的負面結果，僅僅如此而已。

你尚未對自己的遭遇敞開心胸，既沒有與它建立持久的聯繫，也沒有與它溝通，難怪你老是對生命感到愛恨交織。它若聽你的話，你就愛它；它若違逆你的指揮，你就恨它。你的經驗一向是這樣「非黑即白」，生活對你，若非全然的祝福，就是全然的懲罰。

其實，生活既非祝福你，也非懲罰你，它只是與你合作共

事，促使你早日覺醒於自己的本來眞相。生活是你的導師，它不斷給你回饋、給你修正的機會，只是你不去聽而已。

決心聆聽，就表示你願意接受生活爲你的人生夥伴，表示你接受了「思想、行動和修正」這一套人生舞步，表示你已經把一切遭遇都視爲學習過程中生動有趣的必修課程了。

九 § 無條件的愛

人間有些愛常是發自內疚和憂懼，你不知不覺地從那些人身上學到了有條件的愛，並奉他們為你學習的典範。這不是你的錯，你只須覺察到這一事實即可。

從嬰兒時期開始，你就以人們是否正面回應你來評斷自己的價值，從那當中，你並學會向外建立自己的價值，這實在是個天大的錯誤，但卻根深柢固地滲入了你每一個生命經驗裡。

你父母的經驗與你的沒有兩樣，你子女的經驗與你的也毫無差異，你們都承受了類似的創傷，有待治癒。然而，你必須先清楚意識到自己所受到的傷害，才能釋放從中滋生的種種情緒，而這是所有心懷傷痛的人學習把有條件的愛轉換成無條件的愛的必經之路。

在療癒過程中，首先，你必須無條件地愛自己，那是你不

曾從親生父母那裡獲得的禮物。經過療癒，你「重生」了，好似再次被撫養長大一般，但這回可不是仰賴另一個權威，而是靠你內在的愛之源頭。

要學會去愛一個心靈受創的人，你必須先扭轉自己的信念，只因你一向相信自己的價值是建立在別人對你的看待上。如今，你慢慢訓練自己，知道如何憑著自己當下的真相來自我評價，在那當中，全然不加任何條件。那是任何人都無法為你做的事，別人只能協助你、鼓勵你，但沒有人能教你如何愛自己，那是每個靈魂必須為自己做的工作。

每個靈魂進入肉體，都是為了解決「自我價值」這個問題而來的。然而，靈魂一進入肉身，它與生俱來的愛的能力就已受到了限制，這種限制會把周遭的人一起牽連進去。

解除這些限制，成了人生最重要的課題。靈魂在離開人世之際，若還認定自己的一生純粹是個受害者的話，那它勢必會再度被拉回人間，來試圖扭轉這一信念。反之，靈魂唯有覺悟出：它的價值，原本就不是建立在心智或經驗之外的任何人或任何事上的；唯有如此，它才能重返愛的源頭，並從歷盡滄桑

的惡夢中覺醒過來。

所謂由惡夢中清醒過來，意味著你不再接受自己天生就不值得愛的那個幻覺。藉由無條件地愛自己，你證明了愛的存在。而且，當你這樣做時，你會吸引許多無條件愛你的人進入你生命裡。

向身外尋求愛，註定會失敗，因為你無法從別人身上得到你尚未給予自己的東西。你若吝於疼愛自己，必會吸引那些同樣不愛你的人進入你生命裡。

無條件的愛，這種經驗必須從你的內心開始，而不是向別人索求來的。切莫將別人愛你與否視為你能否愛自己的先決條件，更別將你的信心放在愛的條件或它的外在形式上。因為所有那些，都是變化無常的，都是遷流不定的，只會隨著每一時刻的遭遇，生滅起伏不已。

真愛不會改變，它的存在絲毫不受愛的外在形式所限。這個永恆不變、無所不在且無形無相的愛的源頭，一直就在你內。你的信心只能放在這個源頭上，因為這種愛經得起千錘百

鍊，遠遠超過你所認識的一切事物。它一旦深植你心，你就再也不會往身外尋找快樂了。

在你一生種種際遇裡，人們來來去去，有些人對你很好，有些人則顯然不夠友善。但無論如何，你應先肯定愛的存在，同時也試著看出，那些缺乏愛的言行背後原是一個受傷的人在哭求幫助。因此，你會鼓勵別人也像你一樣，往內去尋找愛的源頭，心中明白自己無法解決別人的問題，他們唯有自願往心內去找，才可能扭轉悲慘的遭遇。

能無條件地愛人的人，不會對自己或他人的自由加以設限，也不會故意吝於愛人，因為那樣只會失去自己的愛。愛，在任何情況下都是有求必應的，而且給予者永遠知道要何時給，或給予何人。

愛的行動並不複雜，唯有當你有所保留時，愛才變得複雜起來，而這種愛，其實已經變質了。

愛自己的人，不會害怕孤獨，因為孤獨給人一個更深地愛自己以及接受自己的機會。如果他的愛人拒絕他，他會覺得自

己沒價值嗎？他會自艾自憐從世界退縮，或焦切地四處尋找替代品嗎？不會的，他只會繼續在自己的每個遭遇、每個步伐中，依然吐納著他的愛，延伸著他的愛。

能無條件地愛自己的人，他的愛是沒有程度之分，也不會附帶條件的。他不會特別偏愛某個人，他愛的是眼前的每一位，不會有「這位比那位更值得愛或更不值得愛」的問題。我的弟兄姊妹，此刻這種愛已經誕生於你內了，這才是我要給予你、並要你延伸給別人的愛。

這是顯然易懂的事，你不可能誤解我對你說的這些話。愛，只能存在於平等的關係中，只能存在於有心學習愛、且願從內在價值來評定自己的人內。

愛不會勒索，不須討價還價，也不會向恐懼讓步。事實上，愛所在之處，恐懼與它的爪牙就無立足之地了。

我的朋友，不妨對自己誠實一點，你心目中的愛絕非我所描述的那種愛，我描述的愛必會震撼到你！為什麼？因為真愛的經驗勢必推翻你在有限世界裡的一切經驗。一旦經驗到真

愛，你就再也不會感到自己與眾不同，你會放下自己的獨特感而不再拒人於千里之外了。因著相互的信任，你們開始共同創造一個更為寬廣、更為遼闊的生存現實；批判的心消失了，接納的心滋生茁壯了。

你可能會說：「這有什麼好怕的！」誠實地想一想，你真的怕它，因為它是夢境的終結者，而在小我心目中，只有死亡一途才可能終結夢境。所以，請正視一下自己害怕真愛、害怕死亡、害怕毀滅這一事實。

我曾說過：「除非重生，否則你進不了天國。」我說的不是輪迴，而是小我之死，以及那使你與眾生分裂的所有信念之死，我說的是批判之心從此告終。

死去的不是你。死去的，是你心目中認定是你的那些表相，是你對自己及別人所作的種種批判；重生的，則是光明清淨的本體，也就是在你我之內永恒不滅的自性。

我的弟兄姐妹，你的重生之日已經快到了，你卻怕得要命！你是矇騙不了我的，我看到你在顫抖，惟恐自己罪孽深重

而遭到報應。不要否認你的害怕，否則我無從幫你。

　　會死的並不是你，你不是那一具身體，恐懼的念頭也不代表你，那一切都註定會死，縱然不在此刻，也是遲早的事。你無法避免小我之死，以及身體之死，這兩者並非同一回事。不要以為身體死了，小我也會隨之而死，或是小我死了，身體也會隨之而死。

　　直到你不再需要小我時，小我才會死，否則不論你到哪裡，它都會如影隨形的。你也可能永遠抓著小我不放，但你不會這樣做，因為那是地獄，你絕不想永遠活在地獄裡的。當你到了某一時刻，再也忍受不了那種苦時，就會開始祈求：「老天，救救我吧！我準備放手了。」我敢向你保證，每個人遲早都會面臨這一刻的。

　　在那一刻來臨以前，你唯一能做的，就是穿越你的恐懼。承認你的每一個恐懼，然後把它們交給我：「我真的害怕死亡……我害怕真愛……我害怕被上天遺棄。」讓你的恐懼浮現，再交託出去。唯有如此，你的覺悟時刻才會加速來臨。它會把你帶入問題的核心，帶到所有恐懼背後那個真正的恐懼那裡。

我向你擔保，當你到了那個境地時，我一定會陪伴在你身旁
的。

　　我親愛的弟兄姐妹，我需要的只是你的信任。信任我吧！
我們才能一起走出這片陰影。我無法保護你不受恐懼侵擾，但
只要你肯伸出手來，我就能牽起你的手，平安地穿越過去。所
以，放心吧！你的旅途終點有上天作擔保，你遲早會來到我此
刻所在的境界，那時，你才會確信不疑，你果真就是那個
「愛」。在你內，它從未曾「生」過；在你內，它也從未「死」
過，它一直與你一體不分，它才是你的真實身分。

十 § 開啓心門

你若想深入了解某個人或某種情境，必須先與自己同在，與別人同在，與眼前的情境同在。你若想活在當下，就不能自訂行程，只要你對自己，對別人，或對外境懷有特定的期待，你便無法全神貫注於當下那一刻。你能夠專注的深度如何，端賴你心靈開放的程度而定。它需要一顆完全不批判也不期待的心。

想擁有一顆開放的心靈，你還需慈悲地對待自己和別人，寬恕過去的種種。擁有開放的心靈，表示你能以平等心態接近別人，尋找雙方共同的立足點，開啓你與他人親密交心的機會。

每當你開啓或關閉自己的心靈時，通往愛的門也會隨之開啓或隨之關閉。那道門一旦緊緊閉闔，你唯有耐心等待，滿懷寬恕，否則，它是不會為你開啓的。

　　我們不僅要感受得到愛的存在，也要感受得到它的不在。因為，當你覺得它不在時，才會把心定下來，試著學習傾聽；當你感到自己與人分裂時，才可能看清，原來，自己暗地裡已做了微妙的批判。

　　即使是如此，分裂或批判的經驗，仍然能為愛打開一扇門。因為在理性上，它已不再執著於自己的成見以及背後的理由；而在情緒上，它感受到了分裂的後果，那就是你的痛苦和對方的痛苦。

　　因此，你才有機會將批判轉變為接納，由分裂轉變成靈犀相通；這一轉變，成了療癒的關鍵。你若無法轉變心態，你的身心便會陷入一種緊繃的病態中（dis-ease）。

　　你唯一需要做的，就是學習把這種緊繃病態（dis-ease）轉變成輕鬆自如(ease)，將閉塞轉變成開放，將不信任轉變成信任。將「防禦」的姿態，轉變成「接納」的姿態，泰然地散發出你內在的平安氣息；將「排斥」的想法和行動，轉變成「包容」的想法和行動，自然地流露出你們彼此的融洽關係。

成為一位治療師或奇蹟工作者，表示你已然接受自己原本了無衝突、內咎、批判，或譴責的天賦能力。你一旦親身接受這個能力，你的生活就會像我一樣充滿各種奇蹟。

我一再向你承諾，你一定做得到的。你不僅可能痊癒，而且必定會痊癒。你們每個人都是治療師，專事療癒自以為受到的種種傷害和不公，你們每個人都能為奇蹟的大能作證。療癒自己，乃是你來此世的唯一目的。你愈早明白這一事實，對你就愈有助益。

請記住，真正的靈修一向是奠基於愛自己和接納自己的能力。還沒學會愛自己之前，切莫急於去愛人，只因為你根本是愛莫能助的。

生活中如果遇到頻頻刺痛你的人，也無須勉強自己去愛那個人，只要不遷怒、不歸咎、不譴責，也不視他為仇敵就夠了。僅僅承認他確實刺痛了你，然後安撫一下那受傷的感覺，這才是你真正該做的事。

當你獨處時，試著提醒自己，那些感覺純粹只是你的感覺

而已，與那個人根本無關，你必須拋掉別人應該對你的感受負責的那類念頭。

現在，與你的感覺同在一下，並告訴自己：「我的這些感覺，無非是為了讓自己認清，原來我正在對自己做出類似的批判。現在，我要試著接受每一個層面的我，我要學習把愛帶給內心每一個受傷的部分。」

如此，你便進入了生命真正的轉捩點。現在，你已準備好要把愛帶回自己的心中了。

一遍又一遍地，重複這項練習吧！對自己要有耐心。在你尚未學會把愛帶回給自己以前，切莫急著去治癒你的弟兄姐妹和你周圍的世界，那樣做，不只徒勞無功，勢必還會帶來更多的挫折與自責。

慈悲地善待自己吧！每次小小的一步，從容地治癒自己的想法和感覺。你每治癒一個批判的念頭，或分裂的感覺，宇宙內每一顆心都會感受到的。因為，你的治癒不僅屬於你，也是屬於全人類的。

你的心一旦找回平安，世界的和平就不遠了。你對別人的責任也僅僅如此，就是先找回自己心裡的平安。

有些人會認爲這種勸告太自私，或太不負責任。他們相信，必須先拯救世界才能找到幸福。這種認知，真是謬誤至極。除非他們先找到自己的幸福，否則世界是永無寧日的。

你可能難以接受這一說法，但這是不折不扣的真理。除非你現在快樂，否則就永遠找不到快樂。所以，如果你現在不快樂，就別指望將來可以找到快樂；把你的注意力放在當下的這一刻，你的快樂就在這裡。

一顆開放的心靈，能爲愛開啓一扇大門。縱使那扇門深鎖著，也終會爲你打開的。即使在你批判他人，或與人對立之際，愛依舊在你心裡，不斷地呼喚你。

我曾對你說過，無論你多少次拒絕聖地的邀請，只要你一敲門，這扇門必定會爲你開啓。我也說過：「只要你開口，必定會給你。」然而，你卻不肯相信我的話。你始終認爲，有人在天上時時刻刻計數著你的罪過，計算你累次的猶豫不決或抗

拒不服。那不是真的，事實上，只有你自己在跟自己算帳。

弟兄，請聽我說：「別再算帳了，也別再找藉口，假裝門被鎖死了。此刻，我就站在入口處，請伸出你的手，來握緊我的，讓我們一起打開門穿越過去吧！」

我是通往無條件之愛的大門。當你走過這扇門時，你自己也就成為那道門了。

十一 § 停止奮鬥

發生在你生命裡的每一件事都是中性的,沒有什麼正面或負面之別。它究竟是正面或是負面,屬於心靈層面或世俗層面,完全看你如何詮釋。

不論你遭遇什麼事情,都能把愛、接納和寬恕等這些屬靈特質帶入你的經驗,即使是絕症、強姦,或是自殺的極端處境,都可能因著你的愛心而帶來轉變。

你自認為了解生活裡每一件事情的意義,其實,沒有比這更荒謬的謊言了。你根本不明白任何事情的真實意義,因為你總是把自己認定的意義套在上面。

你若真想了解事情的意義,首要之務,你必須拋掉任何先入為主的想法,只讓它自然展現它的意義。全心去感受它,讓它來告訴你,它為何會來到你的生命裡。

你若想深入事件的真正意義，不妨問自己：「這件事會怎樣加深我的慈悲心？我必須放下什麼執著？」這一反問，會把你帶到問題的核心，因為你甘願把這一事件當成禮物，而非懲罰。

你若對某事堅持己意，牢抓不放，就很容易把它當成對自己或對某人的懲罰，因為你的恐懼在暗中作祟，不斷譴責你和弟兄姐妹。一旦遇到這類狀況，也無須大驚小怪，那只是必然的反應而已。

不必奢望一種毫無恐懼的生活。想要活得一無恐懼，乃是人間最可怕的夢想。你只須認清恐懼的存在，然後還能抬頭挺胸穿越過去，那樣就夠了。也不必夢想一種絕不譴責自己或別人的生活，只須去正視那個譴責，懷著寬恕的心走過去，也就可以了。

你隨時可作選擇，但這並不表示只有你能作此選擇。你只須面對選擇，懷著覺知之心走過，能夠那樣，也就很好了。

你所做的事情，沒有一件能穩保你的救恩。事實上，你一

切的所做所為，反而可能讓你看不到始終存在的東西。救恩一直都在那裡，而你早已獲救了，無須從我這裡、從弟兄，或從任何教堂、聚會所那兒去購買你的救恩。

就算你學會了寬恕，也未必買得到救恩，寬恕的練習只是幫你經驗到從未失落過的救恩而已。學習把一切遭遇都看成人生的禮物，並不表示那樣做能得到上天的獎賞，而是因為這種接納提醒了你：此刻的你根本沒有問題，而且從來就沒有問題。於是，你一有封閉自己或排斥別人的念頭時，會變得十分警覺，因為你已經明白了，保有一顆柔軟、接納和開放的心，會讓自己感到更好過一些。

整個靈修的關鍵就在這一刻，它跟你過去的想法或感覺毫無干係，靈修就在當下的這一刻，就在你眼前的情境裡。你若老是在當前的情境裡找碴，自然只會經驗到黑暗和匱乏。但如果你懷著感恩的心去面對一切，便會處處發現驚喜。

不必奮力走出黑暗，也不必刻意去進入喜悅。一切會自行轉化的，你只需懷著轉化的意願，讓這個願心帶著你走就行了。

你費盡心血、奮力為自己所做的一切，都不會成功的，因為你根本不知道自己是誰。你的自我形象過於狹隘，難以明白或感受到上主對你的愛。你認為自己一路走來，內在某處已然破損，或是失落了某些東西。但，那都不是真的。你未曾失落或破損任何東西，你完整的真相此刻仍安然無恙。

你們不少人都在探討致富之道、成功之道，但你們的施為似乎並沒有帶來富裕或成功。為什麼呢？因為你們不知道自己的真正價值何在。你們若知道自己的真正價值，就不會一直感到生命中失落了某些東西，反而會對自己所擁有的一切感恩不已。

事實上，每一個念頭都有不斷繁衍的能力，你的每一個想法，不論是正面或負面的，不但會強化周遭環境的能量，也會不停地滋生繁殖。正因你是正、負念頭的混合體，所以你的生活就自然反映出這兩種特質。

然而，把焦點集中於正面想法，未必消除得了負面的念頭。事實上，你愈執著於正面念頭，負面的力量愈會隨之增長，到頭來，你終究無法迴避這個兩難之境。

因此，不妨丟開你的肯定語吧，它們只不過是障眼法。也別再設法改變你的負面想法，只須覺察到它們的存在，並注意隨之而起的情緒，讓覺知之心引導你走過，這樣就好了。

你若老想干涉天律的運作，怎麼可能學會依賴它的力量呢？你要明白，你是無法修補你自己的。你若試著修補自己，只會把自己內在的意識翻攪得更加支離破碎而已。

我告訴你的這些話好像自相矛盾，其實不然，我曾說過：生命的意義是你自己賦予的，你能給予它正面意義，也能給予它負面意義。我同時也說了，你賦予的意義極其有限。這兩種說法，都一樣真實不虛。

當你正視自己的念頭時，你會覺察到某部分的你想要某種結果，而另一部分的你想要另一種結果。你覺得自己必須在這兩者之間作一選擇，因而帶來許多壓力與衝突。

在這種衝突中，你若勉強在兩端之間去作選擇，不僅無法消除衝突，反而會加深衝突。唯有同時接納這兩端，你才能走出衝突。簡單地說，你必須同時接納正面想法和負面想法，不

必認定這個比另一個好。這就是真愛的表現。

愛，永遠超越二元對立，它從不為某一邊撐腰，它永遠肯定兩邊都有它的涵意。

你認定自己必須在對錯之間作個選擇，其實，世間有誰敢斷定是非對錯？你一旦認為自己知道，就再也看不到真相了。

所以，切莫過於努力作選擇，因為你不知道什麼是真理，什麼是謬誤。不要抓緊一邊，而排斥另一邊。同時接受兩邊吧，否則你兩邊都無法得到。唯有保持中立，你才能掌握到生命的真相。

你老想用自己的看法來詮釋自己的經歷，表示你根本不想找出這個不偏不倚的中立立場；而你的詮釋永遠擺脫不了匱乏或懲罰的陰影，因為你根本不知道自己的真相。

你懂得我所說的話嗎？就算你有某些部分確實需要修正（這絕非事實），你也不知該從何改起。你既然認為自己已經破損，怎麼可能修補自己？你既然認為自己已經分裂，或陷入衝

突，又何從恢復完整？唯有未分裂、未破損的，才可能帶你回歸整體。

弟兄，明白了嗎？此時此刻，你沒有問題，你的生活也沒有問題。每件事都是理當如此。在此刻，在此地，你完全浸潤於大愛之中。

你感到痛苦或衝突嗎？沒關係，那並不意味無人愛你。受苦的觀念阻礙了愛的來臨，而這個觀念是你自己套在事件上的詮釋。事實上，沒有任何東西阻擋得了愛，除了你的信念以外，而那正是你感到痛苦的真正原因。你之所以感到痛苦，只因你認定並感到自己被愛遺棄了。

你扭曲了事情的真相，把因果倒置了，一切都是你的恐懼在作祟。了解這一點，你才能看到事情背後的原因。提高你的覺察力吧！看清你的小我所演的這一齣戲。

你可明白，你一切的遭遇都是自己的恐懼一手營造出來的；但不必為此洩氣，只需接受眼前的一切，讓它自行轉變。保持一份中立的心態去看世界，你就會明白，它的存在只是提

供你一個學習的工具而已。

我不想用各種理論來混淆你，但你必須看清自己的恐懼如何混淆了是非眞相。它使你淪爲世界的受害者，但那不是眞的。一旦淪爲受害者，你便永遠不知道你的創造力或是你在愛裡的眞相了。

別再扮演受害者了，那是一場虛幻的遊戲，一種鏡中的人生，毫無眞實可言。侵犯你的那個人，不過反映出你缺乏自我肯定的事實而已，是你在自己的鏡子裡造出了他的形相。挺起胸來，承認你對自己的嫌惡，並釋放他吧！懷恨他，對你沒有一點好處；懲罰他，更不會讓你好受一些。

釋放那些虐待你的人吧！爲他們祈福，不要用報復的念頭綑綁他們。用愛和鼓勵的話語，溫柔地釋放他們。你很明白，在釋放他們之際，同時也釋放了自己。

不論我怎樣解釋寬恕的力量，除非你親身經驗，否則你永遠不會知道這力量的偉大。願意寬恕自己並不再用批判來約束別人的這股願心，是你此生此世所能領受最偉大的力量。在它

之上，就只有愛本身的力量了。若無掀開恐懼面紗的寬恕之
舉，愛的力量是無從展現的。

　　我的朋友，請鼓起勇氣來。每寬恕一次，你就解除了你加
諸於愛的一個限制。每寬恕一次，你心中的愛就更深地覺醒了
一點，推恩的能力也會隨之增加。這是人生之旅的意義所在。
安心地走吧！它必會把你帶回家的。

十二 § 心胸坦蕩

當你不再隱瞞，沒有什麼不可告人的隱痛干擾你的心識，也無須為謊言而自圓其說時，你的人際關係就不會塞滿難以啟齒的苦衷了。於是，你的生活會逐漸歸於單純而清明，因為你已無須隱瞞。

只要你勇於說出你的真實想法和感覺，此刻的你，便能活得清澈透明。因為那樣的行為，充分顯示了你對弟兄姐妹的完全信任，也表示你不怕別人看出你脆弱的一面，你願意活得透明。

如果你感到恐懼，就直截了當承認它，那樣，恐懼和它底下的內疚就無所遁形了。你心裡若還有譴責別人的念頭，你可以否認它、隱瞞它，或將它投射到別人身上；但你也可以將它放到檯面上，坦然面對它，給它一個治癒的機會。你若不想繼續隱藏內在的批判，就坦誠招認吧！捨此之外，沒有其他的途

徑可行。

懺悔的儀式，就像大部分的宗教儀式一樣，容易慢慢流於形式。但歸根究柢而言，它無關乎你是否會得到對方的赦免，重要的是，它拒絕自欺下去，決心把恐懼和內疚帶到意識層面；而聽你懺悔的人也不是法官，只是一個見證而已，他不須穿長袍，也不必坐在權威的寶座上。任何人都可以為你見證，只要那人了解自己的角色，不批判或譴責，而是慈悲寧靜地聆聽。

沒有人不會犯錯的，有意無意之間，我們難免會侵犯到他人，那本是稀鬆平常的事。期望自己永不得罪人，那才是癡人說夢，而只有那些不願面對自己人性弱點的人，才會生出這種崇高卻不切實際的願望。更何況，無法擁抱自己人性的人，又怎麼可能接受自己的神性呢？

漫漫一生中，你是一定會犯錯的，因此，奉勸你好好感謝自己所犯的每一個錯誤。每個錯誤都是一項禮物，因為它帶給你一個修正的機會。你該慶幸有機會讓所有自欺的伎倆重見天日，並感謝它的邀請，讓你能直抵內心黑暗之處，讓光明意識

去燭照那個不可告人的隱祕世界。

你若為自己的錯誤辯護，就等於加入了它的陣線，讓你不得不一再為它辯護下去，耗盡你的時間與精力。說真的，若不提高警覺，你這一生都會被它綁住而難以脫身。

何不乾脆坦承自己的錯誤？這樣，你就不必為了迴避認錯而浪費大好光陰。一旦承認自己有意隱瞞之事，過去的陰影就再也捆綁不了你了。坦然承認自己的錯誤吧！你若瞧不起某個弟兄，乾脆直接告訴他，再請他寬恕你。這樣做，絕不是抬舉他，而是防止自己陷入自我憎恨和絕望的無底深淵。唯有這帖藥方，能夠讓你活得坦然無懼、誠實無欺、問心無愧。我的朋友，開始試服這一帖藥吧！

這個世界之所以如此污濁，只因你缺乏勇氣承認自己的錯誤，只因你老愛與弟兄姊妹玩偽裝的遊戲。你真的認為自己品德比他高尚，思想比他純正嗎？這不過表示你的隱瞞技巧高人一等而已。這種自衛遊戲，何等可悲！

試著信任自己的弟兄姐妹吧，你可知道，他並非高高在

上，而是與你比肩並行。他沒有資格評斷你，他若譴責你，就無異於譴責了他自己。

對自己誠實一點，對你的配偶、老闆，甚至路上的陌生人講實話吧！不必在乎別人怎麼想你、怎麼看你。你正在傳達一項革命性的思想，你的坦誠告白，能夠激勵別人也同樣慈悲地看待自己的錯誤。

承認自己錯誤的人，會成為別人的燈塔，因為他已脫下黑暗的斗蓬，讓光明照射出去，因為他的心已然透明，由此，真理乃能暢行無阻。

他的弟兄姐妹可以立刻感受到這是一位可以信任的人，而伸出手來牽住他，這樣的人，才堪稱為「祭司」。他先寬恕了自己的罪，故能將寬恕推恩於人。他的權威不是從外而來，而是由內而生的。他無須人間的權威來任命，但來到他身邊的人都會認出他，信任他，並託付給他。

我的朋友，試著面對真相吧！只要你與我之間，或你與弟兄之間還藏有祕密，你就擺脫不了痛苦。若想結束痛苦，你必

須終止生活裡的各種欺騙伎倆，而唯一的方法，就是對你自己、對我，和對弟兄坦白誠實。

你怕坦誠會讓你失落什麼？不就只是世界的污濁和混亂嗎？你寧願繼續隱藏秘密，留在迷宮裡？還是坦誠地告白，遠離那黑暗的曲徑？這一抉擇，完全操之在你。

別再愚弄自己了，在黑暗隱祕的世界裡，永無救恩。救恩，是真理在朗朗天日之下才能給出的禮物，任何羞愧與內疚的陰影，都會在光明中銷聲匿跡的。

鼓起勇氣承認自己的錯誤吧！如此，你才能寬恕它們，並從痛苦、鬥爭和欺騙裡釋放出來。信賴你的弟兄吧！這樣，他們才可能信賴你。不要否認真理或抗拒不聽，我已經用你所能了解最平淺的話來說了。其餘的，就看你的造化了，因為除非你把真理運用在生活裡，否則表示你根本就未曾接受過它。

每一個人都是上主慈悲之鑽的一個切面，每一個人都在以自己的方式表達出這個獨一無二的尊嚴。每一個切面的美，不只不會奪走另一切面的光彩，反而還增加了彼此的強度與廣

度。

如果晶鑽的一個切面能夠閃閃發光，那麼所有的切面也一樣能熠熠生輝，只因為，在我內的光明同樣存在於你內。我所得到的上天之愛，絕不會比你多，弟兄姐妹，你必須由衷地接受這一真理，否則，再多的教誨或傳道都顯得空洞無比。

為此，我要你實地去練習。清除批判的渣滓吧，別讓它擋住了你覺知的清明；排開競爭、忌妒和貪婪的障礙吧，別讓它阻撓了愛在你心裡的流動。接納你的恐懼、慚愧、過錯及怨尤吧！將所有不可告人的想法和幽黯感覺，全都帶入意識的光明裡。

世間沒有一個錯誤是修正不了的，也沒有一個過錯是無法寬恕的，這就是我傳給你的真理。我不僅用你能懂的話教了你，還為你做了生活示範。我的弟兄，我豈能降低我對你的期許？

十三 § 清醒的心

無條件的愛會自然在你心中生起的，因為慈悲待人原是你的天然本性，你會自然地向朋友伸出撫慰的手，也會同樣自然地由那些關心你的人那裡接受他們的愛。

這事絲毫都無須費力，更不必殫竭心力去學習。為何你很少經驗到這樣無條件的愛呢？其中原委，可能會令你吃驚。

起初，你與造物主原本一體不分，共享祂的全能與大愛，沒有一件事難得倒你。隨後，你開始好奇：「倘若離開造物主而自行創造，不知會如何？」這個新奇的嘗試，你並無多大的把握。疑慮油然而生，你開始擔心：「萬一搞砸了，怎麼辦？」這個疑慮，原來只是分裂之前的焦慮反應而已，不意卻引出許多可怕的念頭。其中一個想法是：「萬一我把事情搞砸了，祂可能會氣得收回祂的愛。」始料未及的是，這個想法居然起了「一語成讖」的作用。

不需多久，這個想法肯定會衍生出罪惡感來，切斷了你與他之間愛的聯繫。事實上，目前的分裂狀態純粹是自己一手打造出來的，對你而言，它顯得如此真實，只因你相信它是真的。

然後，這個信念又會繼續衍生出各種光怪陸離的想法：「上天對我不仁，祂不願與我在一起，我不配得到祂的愛。」

就這樣，天恩由你心中失落了。本來享有上天之愛的你，開始害怕那個愛。換個角度來說，你開始害怕自己的創造力量，把它藏到自己看不到的地方。從此，你停止了創造，而變成一個受害者。你不再是「造因者」，反而成了「受報者」。換言之，你顛倒了實相，營造出一個很可怕的愛。

處身在分裂之境，你根本無從想像分裂之前的景象，因此才陷入眼前進退兩難的絕境。若要找到回歸生命根源的道路，你必須循著原路折回，並了解「分裂」原是你的決定，而不是祂的決定。就是當初你那好奇的一問：「萬一我濫用這個力量，會怎樣呢？」就這樣滾雪球似地，一個世界便形成了，而你也開始害怕起自己的力量來。

然而，你不曾停下腳步，給生命之主一個機會來答覆你的疑慮和恐懼。你若肯聆聽祂，你會聽到這樣的答覆：「我對你的愛是無條件的，我永遠不會收回這個愛。請記住，你是被愛的，你也只能付出愛。」

你若聽從這個答覆，分裂之夢就會到此告終，因為祂的答覆當下就推翻了你自認為不被愛的假設。這個假設，實是人類最初的瘋狂一念。所有的受害感受，都是從這個念頭開始的。只有當你誤以為不值得被愛之際，你才可能想得出「壞」的事情，或做得出「壞」的舉動來，你的一切攻擊行為都源自於這個假設。

亞當和夏娃都曾提出同樣「萬一」的問題：「萬一我吃了蘋果，變成像祂那樣偉大，不知會怎樣？」他們也同樣給予自己一個可怕的答案，並為此羞愧地躲藏起來，不敢面對他們的造物主。現在，你正在提相同的問題，正在啃同一顆蘋果，正在和你的造物主大玩捉迷藏的遊戲。

就是這樣反覆不斷地自問自答，讓你陷於受害者的角色而難以自拔。在你一手打造的世界裡，你若非受害者，就是迫害

者。但你若仔細分析這兩種角色,就會看到它們兩者其實並無不同。受害者需要迫害者,迫害者也需要受害者。

除非人類在自己是否值得愛人或被愛的事上開始起疑,否則罪惡的問題根本無法立足。這正是你目前的問題,你懷疑自己是否值得愛,也懷疑世上每一個人。此刻,正是你重新選擇的一刻,而這也是你需要作的唯一選擇,就是:「你到底寧可由自己來回答『我是否值得愛』的問題?還是讓你的造物主來替你作答呢?」

事實就是那麼簡單。你究竟是願意讓祂來修正你原先的錯誤假設?還是你要把自己的假設當成牢不可破的真理,然後在這個基礎上打造你的人生?

你隨時可以停止去啃那顆蘋果,你也隨時可以看清,你對那個可怕質問所給的答覆,恐怕連你自己都難以接受。你隨時可以轉向造物主說:「我的答案讓自己感到無比恐懼,我的答案只會帶給自己痛苦和掙扎,它必是錯誤的答案,可否請你幫我找出另一個答案?」

你看，你在人間的修行就是從這個「一問」開始的，不論你信仰什麼宗教，不論你社會或經濟地位高低如何，都毫無差別。每一個人遲早都會來到這個轉捩點，開始去質疑自己每一個錯誤的信念與假設，而那是你自我治癒的起步，也正是你重建生命力量和人生目標的契機。

於是，懷疑你的自我懷疑，否定你的自我否定，成了你這一生的轉捩點。從此，你不再隨著物質世界沈淪下去，而是開始向天堂提升。它修復了你與造物主之間的夥伴關係 這個新的盟約，就是所謂的「新約」。

只要你把自己或別人仍看成一個無助的受害者，便不可能成為造物主的夥伴。因為，這個全新的盟約要求你認出始終存在於你心裡的天國，也就是要你放棄天人分裂的觀念，放棄你或弟兄不值得愛的想法，放棄你因恐懼而造出的罪惡感，放棄你認為人可以濫用神恩的假設。

你與生命之主所建立的新盟約，表示你接受了祂對「萬一」問題的答覆。這是你個人獲得救恩的開始，也是全人類接受天國的開始。

從前，你曾拒絕成為造物主創造的夥伴；現在，你已準備好恢復這一關係了。從前，你認為自己在造物主眼裡不值得一愛；現在，你已準備好與祂恢復永恆的愛之交流了。

當你接受祂回到你的生命裡，你對世界和萬物的經驗就會發生全盤的變化。你既是每個孩子的父母，也是每位長者的兒女。不論是朋友或陌生人，他們對你而言都如親人一般。不論對方是否記得自己可愛可貴的一面，你都是永遠摯愛他們的人。

世上處處都需要你的愛，以及你對愛的見證，他們由衷渴望你的溫言慰語，他們都想爭飲讓你解渴的甘泉。

只要你敢去質疑或拒絕，所有不快樂的惡夢便會終結；只要你敢去質疑自己的不快樂，你心裡無條件的愛便會甦醒過來。你若不敢質疑自己不快樂的現狀，那些不快樂的感覺便會暗自坐大，直到把你打到谷底。因為，除非重摔谷底，否則，你還可能繼續安於自己的答案。

任何人都無法逼迫他人覺醒。當他一旦準備妥當，自然體

會得出，不論是給予或接受那種有條件的愛，最後都沒有什麼好結果。一般而言，誰都不會輕易放下分裂和掌控的心態，直到自己痛徹心扉，忍無可忍，才會甘心放手。每個人痛苦的門檻高低不同，但最後，每個人都必須穿越過去的。

因此，我請求你，切莫忙著向別人傳道說教，只需把愛延伸到他們身上。所有已經準備好接受愛的人，自然會跟隨你，向你求助；至於那些尚未就緒的人，則會繼續走他們的路，不致干擾到你。

心靈的牧者只能牧養有需要的人。只需短短幾句話，甚至無需言語，他就能把愛推恩到那祈求愛的人身上。他不會用天堂地獄來引誘或恐嚇那些不信的人。

對那些渴望得救的人而言，當下就能得救。但切忌去評斷別人，因為你沒有資格去評斷。晚一步接受造物主之愛的人，未必輸過早一步到達的人。

事實上，提昇你的人不是神，也不是我，只有你能提昇自己。只要你能憶起自己原是多麼值得愛，並且接受你在上天計

畫裡所扮演的角色，你便立即提昇了。

除非你與生命之主和解，否則你不可能接受自己是全能的這個事實，因為一切力量來自於祂，而你平等地與祂共享這一力量。但是，你也不可能在祂之外獨自行使祂的全能力量。要知道，即使在「萬一」的夢境裡，你也不曾與祂的大愛完全分開過。在那夢裡，你終究會跨過痛苦的門檻，並決定回頭的。每個人都註定如此的。

大愛的力量不可能被人濫用，雖然你可以拒絕、否認，或隱藏起來，但所有的拒絕、否認，和不可告人的隱痛，畢竟都有一個底線。真理可以被扭曲，但不可能被徹底消滅或否定掉的。即使在最黑暗之處，永遠都有一絲微光照射。只要你有心，隨時都能找到這道微光的。

我的朋友，你是自己夢中的英雄，你是黑暗的夢者，也是帶來光明的使者。你集誘惑者和救助者於一身。你此刻可能還無法明白這一點，但你遲早會懂的。

在這齣自編自導的戲碼裡，看起來，你好像在跟弟兄抗

議，其實不然，你是向在生命之主抗議。「知善惡樹」就長在你心裡，因此，你也只能從內心去探索自己不平等或受剝削這類問題。

總有一天，你的答案和祂的答覆會漸趨一致而成為一個，於是，「知善惡樹」開始轉變成「生命之樹」，回歸它不可分割的整體。從此，愛再也沒有對立，自由自在地向外延伸，無遠弗屆。

當有人想用有條件的愛與你交往時，你可以對他說：「弟兄，我曾做過那種夢，也嚐盡它的苦果。它只會帶來痛苦和死亡，那對我們二人都是不公平的。讓我們一起質疑這種愛背後的假設吧，我有信心能夠與你一起找到更好的方法。」

你若曾經懷疑過，今生今世所為何來，不妨再讀一遍上面那段話，你便會記得，你此生的目的只有一個，就是隨時隨地答覆別人愛的呼求。只要你有心，是不難做到的，它並不需要特別的才能或力量，只要你肯穿越眼前已為你開啟的那扇門，「愛」自然會去處理「如何愛」和「為何愛」這類細節的。

我從未要求你去穿越一堵磚牆，更沒有要求你具備「行走水面」的本事，我只是指著那扇開啓的門，問你是否準備好進入，而那也是你可以問弟兄的唯一問題。

能無條件愛人的人，不會在意結果會如何，人們來來去去，你也無從探知箇中原委。有些人，你認為他們很容易穿過那扇門，結果他們卻突然轉向他方。有些人，你認定他們連門的影子都看不到，他們卻出乎所料的，優雅地跨過了那一道門檻。

不必操心，誰來誰去，都不關你的事。盟約寫在人的心中，只有祂能了知誰已就緒誰還沒有。讓我們把這種了知交還給祂，謙虛地爲祂服務。我們若肯按照祂的旨意行事，生命之旅就會愈走愈平順。我們若肯信任祂，內心自然洋溢著愛和接納。

最後，我們終將明白，愛的能量，原是生生不已，源源不絕的，既沒有起點，也沒有盡頭。當天國在我們心裡建立起來時，人間有限的愛自然就會融入天堂浩瀚無邊的大愛裡。

十四 § 消除匱乏之念

匱乏之念，來自於你認為自己不值得愛的看法。你若覺得自己不值得愛，這種匱乏感就會投射成外境。那時，你看到的杯子常是半空的一邊，而不是半滿的另一邊。

如果你看到的總是半空的杯子，我敢保證，不出多久，你就會看到杯中空無一物了。匱乏是負面念頭的產物，反之，富裕必然出自樂觀積極的念頭。

看到杯子是半滿的人，不久就會看到它變得全滿。當你知道自己值得人愛，自然會從愛的角度去詮釋別人的言行舉止，而不至於輕易受到傷害。縱然有人對你無禮，你也會認為他今天可能心情不佳，而不會有受辱的感覺。

自己值不值得愛或有沒有價值，這類感覺會左右了你的人生觀。每一種人生觀都會投射出一種生活環境，然後又轉過來

為你的自我評價撐腰。

擔心自己的資產，表示你仍活在過去，而匱乏所代表的，正是過去的創傷記憶，必然會投射到你的未來。

要終止匱乏之念，你必須寬恕過去。過去無論發生任何事，都已經不重要了，再也不能影響你現在的生活，只要你肯釋放它。

你覺得自己受到不公平的待遇嗎？若是如此，那你必會把匱乏感投射到自己的生活裡；唯有感到自己遭受不公平待遇的人，才會遭到不公平的對待。

要終止匱乏之念，該從覺察這種被剝削的感覺開始。明白它是來自你內心深處沒價值的感覺，明白你此刻根本感覺不到自己是值得愛的。

不必試著改變這想法，也不必複誦「我此刻是值得愛的」這類肯定語來扭轉你的處境。只須覺察到：「我此刻感到自己不值得愛，覺得自己沒有價值，覺得自己遭到冷落，我很害怕

過去的不幸會再度發生。」

感受一下你的心如何繃得緊緊的，感受一下你如何凍結自己的感覺，然後問自己，每當你這樣時，會比以前更有安全感嗎？

面對外來的刺激，你可以把它看成正面，也可以看成負面的，一切端賴於你的選擇。你若決心去看杯子半空的那一邊，表示你已經選擇當一個受害者了。

即便如此，也沒有關係，你無須感到難為情，也不必因而緊張，更不須勉強自己，你只須警覺自己的選擇，以及它帶給你的感受。好好正視一下，再放下它，如此就行了。

「我看到自己所作的選擇，並看出它使我非常不快樂。我不想要這種不快樂的感覺，所以我要作不同的選擇。我決心去看杯子半滿的那一邊。」你若能心平氣和地說出這些話，就能釋放過去，釋放傷痛。試試看，你會發現，它很有效的。

你一向努力去扮演受害者，還把這個角色演得活靈活現，

因此，你必須經過相當時日的鍛鍊，才能克服這類心態。但不管如何，你真正需要做的，不過是正視自己存心要當受害者這個選擇，並決心釋放它，這樣就夠了。

富裕之念，意味著你此刻覺得自己被愛、而且也值得愛。或者，你現在可以瀟灑地這樣說，但片刻後，電話一響，有人告訴你你損失了一大筆錢，或你妻子決心跟你分手，你還會覺得自己有價值嗎？這一刻，你的杯子是半空，還是半滿的？

只須認清心裡所懷的恐懼念頭，這大大有助於你的心靈轉型。要知道，誠實面對自己的情緒，是心靈成長的必要條件。

你無法勉強自己時刻都保持積極的想法，但你能設法認清自己的負面念頭；而認清自己的負面想法，就是一種自愛的表現，會帶給你無限的希望。它好似說：「我看見目前的情況，知道還有其他的途徑，同時，我也知道自己可以另作選擇。」

給自己另一個選擇的餘地，就等於給自己一個救贖的機會。寬恕過去，讓它過去，就是為新的選擇提供一個活動空間。無論你重複犯下多少次相同的錯誤，你永遠都有一個嶄新

的機會來寬恕自己。

不寬恕，就不可能消除匱乏之念。若要寬恕，你必須先去覺察那事件對你傷害之深；先承認創傷的存在，才會迎來治癒的機會。

人之所以會想要隱藏創傷，一定別有用心，想把自己交給過去當人質。深度的創傷，在開始時，可能需要藉用繃帶來保護，但若要徹底治癒，就必須把創傷曝露於空氣和陽光之中。換句話說，你必須把潛意識所隱藏的信念和假定帶到意識的層面才行。

匱乏本身原是相當重要的生活導師。因為，外境種種欠缺的現象，適足以反映出你內心沒有價值的感覺，而這些感覺，都必須浮現到你的意識層面。你所經驗到的匱乏，並非上天的懲罰，它不過是告訴你，你有一個信念有待修正。

你有愛自己的能力，那個能力必須從你心中甦醒，你的靈性才會真正開始成長。唯有看清你是怎樣不愛自己的，才有機會學到如何去愛自己；也唯有看清了你是怎樣不愛別人的，才

有可能看到你是怎樣不愛自己的。

天天背誦一些不知所云的財神咒，並不會讓你變得富裕，你必須先學會把愛帶入那個創傷裡才行。因為唯有愛，才能治癒所有的分裂及衝突，才能將你帶回最初那無罪無咎的一體智慧。

你一旦看清了自己的真相，便會明白，沒有人能剝奪你的愛，愛永遠與你在一起。它雖然無形無相，但永遠相隨，須臾也未曾離開；它雖然是無限的，卻任運自在地與周遭的有限世界互動。

無論何時何地，每當壞消息來臨時，你不妨這樣想：造物主豈會給我一份有瑕疵的禮物？不要被外表的包裝蒙蔽了，只管放心地打開它。縱使你還不明白這份禮物的意義，靜靜地等候片時，造物主是不會給人一份有瑕疵的禮物的。

通常需要等到那禮物在生活裡發揮效用時，你才會明白禮物的意義。這種經驗，雖會令你倍感挫折，卻是必經的過程。

　　上天的禮物並不是用來滿足小我的期待的，它們的價值，屬於更高的層面，它們會將你帶回你的真實本性，開啓今世的任務。有時，它們好像關了一扇門，你不明白為何如此，直到真正屬於你的門開啓之後，你才會恍然大悟，為什麼當初會關上那扇錯誤的門。

　　你的心與天心原是創造的同工，請不要把富裕當作唯獨是你自己的，或僅僅是祂的責任；你需要祂，而祂也同樣需要你。只要你願意去正視自己的恐懼和無價值感，祂就能幫你看到內在的神聖火花。

　　你若真想愛自己，自然會打通一條管道，把上天之愛引到你這兒來。開啓你心中那扇富裕之門吧，你就會看到身邊圍繞著無數的愛之禮物。但是，請勿任意評斷那些禮物的價值，因為它們的價值不是你能評估的；也不要限定它們應該呈現何種形式，因為你經常會被那些外在形式所誤導。

十五 § 感恩之心

談到富裕，就不能不談談感恩的心態。感恩的心，必是出於自己有價值的感覺，於那當中，自然會培養出富裕的經驗。相反地，怨天尤人，或恩義澆薄的心態，則常是基於自己無價值的感覺，於那當中，也自然會滋生出匱乏的念頭。不管是哪一種，它們都自成一個體系，一個相衍相生、互為因果的圓圈。

想要進入恩典的圈子，你必須愛自己，也愛別人；若想進入恐懼的圈子，你只須拒絕愛自己和愛別人。

當你處身在一個圓圈內，另一個圓圈會顯得很不真實，這就是為何你經常感到好似活在兩個水火不容的世界之緣故。

心存感激的人，不容易想起自己遭人剝削的經驗；而心懷怨懟的人，則不容易感受到天地厚愛的經驗。你想要住在哪一

個世界呢？此刻，就完全看你的選擇。

寧可扮演受害者，還是但願憶起自己從未遭人惡意對待？每一分鐘，你都在作這項選擇。你若選擇前者，便會怨恨你的遭遇，把它們當成一種懲罰。你若選擇後者，便會接納身邊發生的一切，把它們當成一種寓意深長、隱而未顯的祝福。

感恩，就是決心在萬事萬物中體會上天的愛，作此選擇的人，不可能活得悽慘憂愁的。因為感恩的抉擇必會帶來快樂，正如忘恩的抉擇會帶來不幸，讓人消沈。前者展現了一種積極樂觀的生命風采，後者則流露出一種自暴自棄的人生姿態。

你決心如何去回饋生命，就會塑造出怎樣的人生觀。你若始終活在絕望中，表示你已經摒棄了上天恩賜的禮物。

種瓜得瓜，種豆得豆，世上每個人的收成，全來自他當初播下的種子。若想改變明年的收成，那麼他必須先改變自己現在的想法。

感恩的念頭一起，你就不難看出，我這說法是何等單純而

真實。下回，當你怨嫌天賜的禮物時，不妨暫緩一下，放開心胸，試著以感恩之心接下那份禮物，然後注意一下，你對這份禮物的觀感，以及你跟餽贈者之間的關係，產生了如何的變化。

下回，當你準備批判或譴責別人時，也不妨暫緩一下，先讓那個人進入你心裡，祝福一下本來你想要責怪他的地方，放下批判，並為自己未曾批判而慶幸。當你把別人從你的偏見中釋放出去之際，別忘了感受一下你心裡的輕鬆自在。

我曾經要求過你：當有人打了你耳光，把另一邊的臉頰也轉給他。我的用意無他，是要你向弟兄證明他無法傷害到你。因為，他既然傷害不了你，就不會為自己的攻擊感到內疚；沒有罪惡感從中作祟，他便無須懲罰自己了。

要你把臉頰轉給別人，並不是要弟兄再次打你，而是藉之向他顯示，那裡根本就沒有傷，讓他知道，你已明白自己是不可能遭到傷害的。如此，你向他表達了你不願當受害者的立場，因為在那一刻，你顯示了自己的尊嚴，於是，你也同時肯定了他的尊嚴。

當你拒絕去當受害者或迫害者時，這個世界的暴力和罪惡便會到此告終，你便能輕而易舉地踏出恐懼的圓圈，你一切的言行舉止，都洋溢著恩典。相信吧！你們每個人遲早都會經驗到這個境界的。

圓滿的自性逐漸在你內復活，一如在我內那樣。但是，你必須先放下所有無價值的感覺，所有匱乏的念頭，所有的怨恨，以及所有的攻擊或防衛的反應。換句話說，你必須學習把另一邊的臉頰轉給別人。

表面看起來，它們好像是兩個截然不同的世界，其實只有一個；恐懼只不過是缺乏愛，匱乏只不過是缺乏富裕，怨恨則是缺乏感恩，如此而已。

如果沒有富裕在先的話，哪來匱乏的感覺？如果沒有「存在」在先，「虛無」就毫無意義可言。

就如同捉迷藏的遊戲，必須有人先躲起來，才能玩得下去。但是，躲的人是誰呢？是你？是我？還是造物主自己？其實，不論是誰在躲，都無大礙。輪到你時，你就躲起來，讓你

的弟兄來找你,隨後再輪到我去找他。每個人都會輪到一次躲藏的機會,當然,到最後,每個人都會被找到的。

要知道,眼前這個二元分裂的世界原是來自一體的境界,最後仍會回歸一體。原本結合的,分裂之後,自會再度合併。這些簡單的舞曲,沒什麼好怕的。

我邀請你跟我共舞,你無須那麼嚴肅拘謹,你們沒有人是專業的舞者,但個個都有能力學會這些舞步。當你不小心踩到別人的腳,只須簡單地說聲「抱歉」就可以了。你們原是一起學習的同班同學,怎麼可能不犯一點點的過失。

十六 § 放下執著

擅於表達思想、實現理想的人,通常都懂得訂立一個合情合理的目標,不會好高騖遠,而保持相當的彈性,能適時因應周遭環境各種條件因素的變動。

你若想了解什麼叫做有彈性,不妨觀察一下風中小草的舞動。纖纖草莖,如此細小脆弱,卻有一股令人敬畏的耐力,只因它懂得隨風擺動而不對抗。

當時機來臨時,該發生的事情,自然就會水到渠成,根本不費吹灰之力。但若因緣尚未成熟,即使耗盡心力,也會徒勞無功的。若想隨風舞動,還得對周遭環境足夠敏感,知道何時該靜止下來,何時應全力以赴。

知道何時前進,何時止步,需要一些人生經歷與某種直覺。僅憑抽象思考,並無法獲得正知正見,所需要的,還繫乎

你對自己情緒反應的敏感程度。

有人說，內在的現實決定了外在的現實；也有人說，外在的現實決定了內在。其實，兩種說法都對。沒有雞蛋，怎會有雞？反之亦然。因與果並非以先後次序的直線式來呈現，它們不但同時出現，而且還以循環的模式互相衍生。不只是「因」決定了「果」，「果」也促成了「因」。

「雞和蛋，誰先誰後」，這類問題只能如此回答：兩者都是，或都不是，因為雞和雞蛋是同步出現的。

所有二選一的問題，都必須如此答覆。本體境界是無法用二元思考來理解的，它同時包含了內在主觀和外在客觀兩種現實，而且彼此相互消長，每一面都涵蓋了它的反面。

本體境界，就是全然接納，全然交託，無緣大慈，同體大悲的境界，也就是至大無外，至小無內的渾然一體之境。

樹木被強風連根拔起，掃入急流之中，這並不算什麼悲劇，因為樹木與河流兩者，本來就沒有什麼不同。

但是，跟本體境界這道洪流相對的，有一股對抗的因素，而所有的條件與限制都由此而生；一旦有所分別、比較和評斷，自然的洪流便受阻了。

本體境界的答覆一向都是：「好！」帶著一種自然的愉悅和熱情，無所不包。因為它把每個人和每件事都視如己出，所以成了快樂的象徵。

「對抗」則永遠都說：「不！」於是，衝突和爭鬥接踵而至，因它對每一件事都採取對立的立場，自然成了不快樂的象徵。

不去對抗，就不會不快樂。不快樂是由於永遠都在對抗外境，不斷地用自己的解釋來表示贊同或反對。歸根究柢，不快樂的根本原因就在於執著。

此刻，我並非要求你放下所有的執著。朋友，那太不實際了。我只要求你察覺到自己的執著、自己的觀點、你贊同或反對背後的理由。我只要求你去正視自己怎樣在「快樂」上面加了種種條件。

　　若想了解什麼叫做無條件的快樂，你只須觀察隨風擺動的樹木，那是最好的比喻。樹木的根紮得很深，枝葉伸得很廣；正因根部牢固，枝幹才可能有彈性地隨風搖擺，它同時顯示出堅強和臣服兩種特質。

　　盡量在生活裡保持某種程度的彈性，活出小草的韌性，時時刻刻都抬頭挺胸，同時把根部穩紮大地。你明白自己的需求，但滿足它的方式卻有賴於隨順人生的因緣，而非堅持以某種特殊形式來實現自己的願望，否則你會招致不必要的阻力。如果樹木硬要與風對抗，便難逃根斷枝裂的下場。

　　隨風而動吧！生命有如一支舞曲，每一剎那的好好壞壞並不重要，都不過是一種連續的運轉而已。

　　你的選擇很簡單，你究竟要跳舞或不跳？即使你決定不跳，你也無法離開那個舞池，人生的舞宴仍會繼續在你身邊進行。

　　人生的舞宴繼續進行，而你恭逢盛會，這當中，蘊含著某種莊嚴在內。何不好好享受「活著」的單純恩典？你若總想追

尋更偉大的生命意義，勢必會失望的。因為，除了舞動以外，並沒有什麼其他的意義存在。

所有的限制都在迎向那無限之境，只要你放得開來，活在當下，你就已經安憩於生命的懷抱裡了。但是，你一起抗拒之心，就會陷入自己製造出的無謂混亂裡。

人們無法逃避「處處受限」的人生現實，因為有限的人生現實，正是人類意識發展出來的。別再企圖逃避你自己營造的世界了，好好接納它們，就像樹木迎向春風一樣。你的尊嚴在於徹底發揮你的人性，接納自己和別人的需求。慈悲，並不要求你斷除自己的情緒感受，而是要你與它妥善調和。

有人說，世界是一個涕泣之谷，這實在是無稽之言。世界既非苦，也非樂，而是兩者皆備。世界是情緒體與理性體的誕生之地，而肉體的生與死只是為思想及感受的意識提供一個運作的場合而已，到頭來，這些意識都必須為它所造的一切負責。

想要否認這種「生」的奧妙，是荒謬的；但若向它歌功頌

德，也同樣荒謬。參與了這場「生之旅」盛會的人類，必定會同時經驗到痛苦和喜悅。

這兩者必須同時存在嗎？當然！沒有痛苦，母親就無法將嬰兒推出產道；沒有新生命的喜悅，痛苦就毫無意義了。所以，請千萬別說：「這是痛苦的世界。」或者說：「這是歡悅的世界。」別再為自己營造那些虛幻不實的經驗了，也別再自行詮釋它，否則，你只能領受到生命光譜中的一環，如此而已。

我在世上的經驗，和你毫無差別，我並未征服痛苦，只是交付給它；我並未克服死亡，只是心甘情願地迎上前去；我無意頌揚身體，但也不詛咒它；我不曾宣稱這個世界是天堂或地獄，只是教你明白，這兩個世界其實都是你自己造出來的。

我和你一樣參與了生命之舞宴，學習了解，學習接納，從有條件的愛，邁向無條件的愛。親愛的弟兄姊妹，你們感受到的一切，我莫不親身經歷過。我明白每一個渴望和恐懼，因為我全都經歷過；我的解脫，並非因為上天網開一面。

你看，我跳舞的本領未必比你好，我只是懷著參與及學習的意願，而這也是我期待你的：懷著願心加入，觸動別人，也被人觸動，盡情地感受，展開你的雙臂迎向生命。你來到此世的目的無他，就是爲了要與人互動共鳴的。

心靈一旦敞開，自然會注滿愛，而不論施予或接受，它的能力從不受制於外在條件。施予之時，毫不期待回報，因爲施予本身成了最好的禮物。它也能坦然接受愛，不只是爲了自己，而更是爲了讓別人有機會一起領受到這份禮物。

心靈一旦敞開，你就不再受限於這個世界的法則了。於是，奇蹟便發生了，並非透過什麼特異功能，那只是愛的自然延伸罷了。

奇蹟，絕非來自直線式的思考模式，你無從去預設或計畫它，也沒有人能夠模仿施行奇蹟或接受奇蹟的技巧。奇蹟會自動來到，只要你願意敞開心靈，放下理性掌控的傾向。

天心是純真無邪的，它全然的給予，毫無保留，只因你是它的一部分。它知道你不在它之外，故能堅定不移地愛你，疼

惜你，如同父母照顧獨生子一般。

它輕喚著你：「張開雙手，接受那些禮物吧！」但因你不肯聽從它的呼喚，變得愈加沮喪，完全聽不見那神聖的呼聲。低頭回顧半生的遭遇，所看到的，盡是挫折，盡是問題，怎麼可能感受到上天正以無條件的愛呵護著你？

無論你覺得上天離你有多遠，其實，你們之間只有一念之隔而已。要知道，僅僅一念之別，當下這一刻就能成為你獲得救恩的時刻。

親愛的朋友，請記住這一點：就在這一刻，你若非聆聽上天之音，就是糾纏在自己那無聊的心理劇之中；就在這一刻，你不是幸福快樂，就是忙著責怪周遭。何不進入自己的思想，好好自問一下：「這一刻，我是否感受得到上天對我無條件的愛？」

答案若是肯定的，你心裡會感到那神聖臨在的溫暖；若是否定的，這一反問，也會幫你憶起那個臨在，並將它帶回你身邊來。這個簡單的練習一向很靈驗，何不放膽一試，看看有何

效果？

當你學會向當下此刻放開自己時，那神聖臨在的意識就會深入你心中，你的人生目的便會跟著那一意識擴展開來，它會讓你了解如何以最佳方式去幫助自己，幫助別人。

於是，許多事情就在你眼前發生了，外表看來好像令人眼花撩亂，無所適從，但不要妄下判斷，也別再著眼於自己或別人的錯誤了，你只要學習隨緣與交託，盡人事而聽天命，安歇在那交託的能量裡。這顯示了你已把事情的發展和結果都交託給生命之主了。你明白，自己所獻的禮物本身就夠好了，「本色」一向就是夠好的獻禮。

如此一來，你再也不會傷害自己了，平安再度重返你心裡。那時，你就會看清我的真相，而那也是你的自性重新誕生的一刻。我懷著無限喜悅和肯定等待這一刻的來臨，因為那是真理重現的一刻。在這一刻，天人分裂之境結束了，所有的痛苦也到此告終。

十七 § 神性的光輝

　　神並非抽象的觀念，而是活生生的臨在，它全然美善，全然付出，全然幸福，一體不分，而且是全然自由的。

　　我知道，這對你簡直難以想像，但願你能盡量展開心智，放下你爲那無限的可能性設下的種種限制，因爲神超越任何限制，祂無形無相。正因無形無相，才可能存於萬物之內，而萬事萬物也都能反映出祂存在的蹤影。

　　神本無陰陽之分，祂既無軀體，故沒有性別。祂之所以常常被人稱爲「他」，是因爲跟我們的關係中，祂具有陽性特質。我們好似子宮，懷著祂的靈，孕育著它，且爲它賦形。

　　雖然我們跟祂的關係，有如新娘與新郎，但祂並不限於陽性的形象。祂既不是武士，也不是巫師，更不是救星。祂不是白髮蒼蒼的智慧老人，也不是優雅聰慧的窈窕女子。所有這些

形象，都是我們把祂人格化的結果。

神只是愛的臨在，兼具陽性和陰性的正面特質。祂孕育我們，保護我們，仁慈中帶著剛毅與堅強。祂具有長老的智慧，以及孩童的純真；祂有武士的雄力，以及年輕母親的細膩敏銳。祂具有這一切特質，而且遠超於此，正因祂超越人間的一切定義，我們加諸於祂身上的種種概念，一點也限制不了祂的。

祂既是無限的存在，祂的靈便能自由出入於我們的心智和生活裡。我們的存在本質就是由這個神聖本體孕育出來的，那是我們的真相，雖然我們經常無法意識到它。

聖靈，也就是我們的神聖自性，是不生不滅的，在肉體出生之前及死亡之後，始終存在，不受我們的理性思辨或情緒起伏所影響。只要我們不再自我懲罰或是攻擊別人，我們隨時都能回歸這個千古不易的愛之本體。

你內的神聖自性與眾生的自性毫無差別，而自性只有一個，靈也只有一個。身體造成你與別人表面的隔離，但神聖的

自性卻能將你們重歸一體。理性會使你們意見紛歧，相互批判及攻擊，但神聖自性卻能將人心全都融入同一首協奏曲。

你若認同身體，或認同分裂的妄念，就會忘記你的自性，忘記自己的真相。你若認定自己與弟兄是分裂的，與神也是分裂的，自然就會發動批判或攻擊。反之，你若能憶起自性，自然就會憶起你與所有人的神聖聯繫。一旦憶起了自己的真實面目，你就不可能攻擊任何人了。

你必須對自己的神聖自性懷著欣賞與感恩的心，才可能認出造物主的榮耀。這與你的性別、種族、經濟狀況、國籍，或宗教信仰，全都無關，與你認為自己是誰，或別人認為你是誰，也毫不相干。

你內的神聖自性充滿了愛，因此，你能愛人，也能被愛。當你與自性聯繫上時，就會明白你早已被上天接納了，而且就是你目前的樣子，無需做任何改善或修正。

你想找回你的自性嗎？只要你肯放下自我評斷和批判，放下你對弟兄姐妹的一切批評，你就會認出自己的神聖自性。

　　你愈知道如何安歇在這個境界裡，就愈能活得輕鬆自如。這就是為何許多靈修傳統都教人定時做冥想和祈禱的緣故。與神交流，能夠安撫人的神經，對你的身體、情緒和心智健康都很重要。

　　我並非要求你每天冥想或祈禱一小時（雖然這樣做也不壞），我只要你試著每小時想起你的神聖自性五分鐘，或在十念之中至少有一念能夠想起它來。這一念之覺，會使你不再輕易落入人生的連續劇裡。也許前九個念頭都不外乎折磨自己或糾正別人，但讓第十個念頭想起「一切都沒事」，讓第十念觸及那全然接納、全然是愛的自性吧！

　　這就是安息日的由來，前六天你都浸在工作和鬥爭的激情裡，但在第七天，你該憶起生命之主，因此把第七天訂為安息日，給自己一個機會，回歸自己的內心。

　　把安息日的智慧帶入你的日常生活吧！這樣，你才不會把自己或弟兄的真相遺忘太久。如果你能把這個記憶轉化為一種修行法門，那麼，每一天、每小時、每分每秒，必會帶給你極大的轉變。

　　當你吃飯時，祂會坐在你桌旁；你跟弟兄說話時，祂會提醒你某些可以鼓勵對方的話語。而且，萬一你忘了這一切，而對你的太太或先生大聲吼叫時，祂會拍拍你肩膀，幽你一默：「歡迎加入人生連續劇！」慢慢地，你也學會對自己笑一笑，不再對自編自導的劇本那麼認真了。

　　這種練習不過是一場記憶的遊戲，你一旦明白了這一點，靈修的意義就會全然改觀。你會自行選擇一種足以幫你憶起的形式，不管形式如何，都不再拘泥。幸運的是，你身邊就有很多範例供你選擇。只要有心去找，每個人都不難找到適合自己的形式的。

　　不要挑剔弟兄的選擇，雖然你們的選擇可能大相逕庭。你該明白，只要能夠幫他憶起自性，對你一定有所助益。根本無須爭辯你們採取的形式差異，那些差異一點都不重要。

　　最令我難受的，就是看到你們盡為一些外表的差異作的無謂爭辯。撇開那令你們分裂的言詞和信念吧！你若想走上恩典的道路，就不能理會眼前的差異，而應盡量找出你與別人共享共通之處，把眼光全部集中在那個焦點上。

眞理雖會以各種形態現身人間，但它永遠只是一個單純的眞理，你必須學會從每一種形式、每一種情境中認出眞理的存在。凡是希望活得平安的人，不論男女，遲早都須學會這門功夫。

你已經邁入一個新的紀元，於今，人們快要跨越文化與宗教的隔閡了，不同語言的民族也開始學習了解對方，人們愈來愈能容忍彼此的相異與多元性，愈來愈能接受「放諸四海皆準」的價值觀。這是一個關鍵的時代，你們每一個人都扮演著關鍵性的角色，爲人間清除和平的障礙。

因此，我鼓勵你回到內心，找出你完整且圓滿的自性，唯有在那平安之地，你才可能歡慶並接納每一個出現在你生命裡的人；唯有在那平安之地，你才可能成爲一位締造和平的人。這就是我的教誨，千百萬劫以來，不曾改變過。

十八 § 另一種存在次元

你所經驗的世界，並不是唯一存在的次元，宇宙中有無數的教室，每一間教室都有它的專修課程。

你目前所在的教室，專修的科目是「平等心」。你來到這裡，就是為了學習「眾生平等」的課程。所謂的芸芸眾生，不論貧富貴賤，才智愚庸，也不論是男是女，黑人白人，印度教徒或天主教徒，他們的存在價值，完全相同，完全平等。所有不平等的現象，全是後天形成的，應該徹底剷除。

你們大多數人已經在這門功課上學習很久了，我不會告訴你們還需要學多久。在這學習過程裡，你們千奇百怪地扭曲彼此靈性上的平等性。有些人過得一貧如洗，有些人坐擁數棟豪宅；有些人暴飲暴食，有些人飢不裹腹。你該知道，如果你們已經學成這門功課，世間就不可能出現這些扼殺平等性的亂象了。

　　所以，你來到此世，就是為了打破自己認為「某些人比其他人更有價值」那種根深柢固的信念。然而，該當如何，才可能做到呢？首先，你必須深深體認這個平等關係的真義。如果你還會覺得自己優於或劣於他人，適足表示你其實並未接受靈性生命的平等實相。

　　其次，你必須接受身邊所有人的平等性。所謂接受這一平等性，那是說：當你比別人多時，你會樂意拿出來與人分享；當你比別人少時，你也可以自在地接受或請求幫助。

　　你來到此世，也是為了學習尊重每個人都有自行裁決的權利。你如果熱中為別人作決定，或習慣讓別人為你作決定，都表示你還沒準備好接受彼此的平等性。

　　那種越俎代庖的習性，好似給了你一種特權，要你的弟兄為你想作或不敢作的決定負責，這實在是一種荒唐的特權。你遲早會明白，在那當中，你只可能傷害或幫助一個人，那就是你自己。唯有等到你學會了為自己的決定負責，同時也給弟兄一樣的抉擇空間，你才可能找回你和弟兄的平等真相。

這些話說來簡單，但如何去實際練習，影響深遠，它能徹底轉化你的世界，讓你和所有弟兄姐妹從這所人間學園同時畢業。

當你離開肉體時，你還會繼續在超形體的教室裡學習，但那兒的學習進度快多了，因為在那兒，每個意念的創新力，完全不受時空的限制。

在你的世界裡，把念頭轉化為具體的結果，需要藉助於時間。但在超形體的次元，這種轉化過程是全自動化的。例如，當你一動念頭：「我想去拜訪一位朋友。」當下，你就出現在他的客廳裡。這類旅程，既不必藉助時間，也無須穿過空間。

有些人可能有過與超形體次元溝通的經驗，那類溝通，顯然有賴於念力。要跟不同存在次元的生命溝通，雖然萬般不易，但並非不可能。只要不斷練習，你超越有限時空的能力，便自然與日俱增。

在超形體的教室裡，學習的速度確實加快不少，不少人也的確能夠離開身體，輕易地操控自己的念頭。於是，他們自信

滿滿，以為回到物質世界之後，仍能發揮這種能力。但畢竟而言，能夠在充滿質礙的物質世界裡發揮這能力之人，實在是千萬之中，難有一二。

其中原因，不難明白。世間的科學告訴你，當你離開地球磁場時，你變成無重量，自然能做出連地球上的運動家都無法做到的特技；科學又告訴你，當你離開大氣層後，老化的過程會緩慢下來。你一離開地球這個環境，地球種種自然法則的限制，勢必會隨之改變。

當你離開肉體時，也會發生類似的現象。你的注意力會轉向內在，身體的變化也會緩慢下來，你會感到一種前所未有的自由，那種情境，通常在夢裡才可能經驗到。可以說，夢境為另一次元的意識提供了一個貼切的比喻——唯有在遺忘肉體的夢裡，意識才可能無限地擴展開來。

在夢裡，你百無禁忌地創造出一個個現實，你可能殺人，也可能被殺；與各色人等交歡，歷經各種險境又神奇脫身。無怪乎，很少人敢在清醒時做出夢裡的行為。至於超形體次元的經驗，則遠比夢境更加戲劇化，更加具有無窮的創造潛力。

因此，地球這所學校，成了你的測試場所，測驗你在超形體的生命教室裡所學得的技巧，看看你能否應用於地球上。惟有證明你學會這門課程，你才能從地球學校畢業。惟其如此，許多生命體也知道這一點，才會迫不及待地設法投胎人間，證明他們已經學會這個課程。

但是，為何一回到人間，他們就壯志難伸呢？讓我們再回到前面地心引力的例子吧。在無地心引力的環境裡，運動員可以輕而易舉地，一跳就十五呎高，甚至能在天空飛來飛去，但一旦回到地球，他最多只能跳到七呎或八呎高，更別妄想要飛上天了。

在物質世界的現實網下，這個課程變得非常艱難，首先，身體需要時間慢慢成長。從母親的子宮開始，完全依賴她來存活；出生以後，這一身軀依舊脆弱無助，必須一步步地學習餵飽自己，學習走路、說話，應付四周的人。這種成長過程，可想而知，對一個剛由「一念就能成事」的超形體世界來的人，簡直是一種折磨。慢慢的，意識逐漸萎縮，逐漸屈就那一具血肉之軀，逐漸封閉起原本充滿創造力的潛能。

　　簡而言之，意識已經被物質世界的現實網吞噬了，在飽受折磨後，根本記不起自己當初不受限制的存在狀態，更無法記得自己本來不是一具身體。

　　人類歷史上，出現過少數特例，有些人進入人間的形體教室時，並未完全被身體箝制，仍保有對超形體次元的記憶。他們明白自己不必受制於身體，明白自己無需成為他人想法或行為的受害者，也明白自己能透過念力來創造現實。

　　這些人就是鳳毛麟角的靈性導師，降生於形體世界，千方百計地幫助眾生憶起自己超乎形體的生命真相。若非這些導師，地球的物質障礙，早就蒙蔽人類的集體意識，阻斷心靈與真知的所有聯繫。人類歷史曾經歷過數次的黑暗，人們稱它為「黑暗時期」。世間最近的一波黑暗期，是在二十世紀的前大半個世紀。

　　你目前這個形體教室，已經到了蛻變的門檻了。從技術上而言，你們已有能力毀滅這個物質世界，而且還不只是一次；就在此刻，地球所擁有的光明，也遠遠超過歷史上任何一個時期。

倘若這是真的，你可能會問，為何這一世我沒跟你們一起投胎人間？許多人仍期待我以人形再度降世。他們可能無法如願以償了，因為我在世間的工作即將完成，我現在若還以形體方式現身的話，只會延誤你們即將發生的轉變。

如今，你們大部分人已不難猜出，這將是如何的一種轉變了：你們終將克服自己始終處於挨打位置的受害情結，接受自己的創造能力，而且不只創新自己的現實環境，還去幫助弟兄姐妹發揮創造力。大體而言，你們已準備好了，我在這裡只是幫助你們順利完成。即使不靠我，你們也會透過與其他靈性導師的溝通，慢慢化解痛苦的根源，逐漸覺醒於自己的神性的。

我需要你們每一個人幫我完成這個使命，唯有透過你，我的教誨才能隨時彰顯於人間，這就是為何我一再強調，我們不能再依靠語言的緣故了，那往往只會製造分歧。我們必須轉化為愛和寬恕的鮮活見證。

透過你們個人或集體的意識，調入超形體次元的頻率，那是地球轉化過程的關鍵。我若再次現身於形體內，不過又重演一次十字架的悲劇罷了。凡是挑戰現有想法的人，都會遭到誹

謗、辱罵和迫害，而這類事情，你們早已司空見慣。若要避免悲劇重演，唯有覺醒過來。

如有弟兄反對你奉為圭臬的信念，請不要詛咒他，因為詛咒他，就等於詛咒我。你也不必崇拜他，即使他在你心目中是如何完美無缺。世間沒有一個完美的人，每個人遲早都會犯錯的。

你知道，包括我在內，我也曾背棄弟兄和我的造物主，責怪他們遺棄了我。因此，你不必對我另眼相看，也無須對任何弟兄另眼相看，在這門人生課程裡，你們都一樣在學習的過程中。

高高興興地活出你們之間的平等真相吧，如此，你才可能跟我建立一個平等關係。當你能夠平等地看待我時，我們之間的溝通必會更加順暢。

就在你學會珍惜自己與弟兄姐妹的同時，你打開了通向我這裡的那扇門。對我而言，每位弟兄姐妹都是至寶，都極為珍貴。我在迫害者和受害者雙方的靈魂背後，看到他們同樣在呼

求愛，在渴望別人的接納，而我怎麼可能拒絕他們任何一人？當我要求你們做同樣的事時，不要吃驚，因為你們都是我在這世上代我行動的手腳，代我發言的聲音。

我的弟兄姐妹們，要有耐心，堅定不移。我們的工作，必須等到所有受害者和迫害者都從世上消失了，才算是完成；我們的旅程，必須等到我們都能領受上天的愛，並且將這份愛傳給身邊所有的人，才算是結束。勢必是如此，必須等到你接納了每個人的真相，使他能夠感到平安，自在地放下恐懼及攻擊的衝動為止。

所謂與我同行，表示你願意同時成為神和人的僕役；而你的服務，就是向人顯示他從未被上天遺棄過。當他覺得遭到父母、子女、愛侶和上天遺棄時，你用食物、飲料及勸慰來安撫他的痛苦，你接納他，讓他靠在你的肩頭，甚至縱容他大哭一場。因為長久以來，你不是也一直覺得遭到遺棄而懊惱悲傷嗎？

那是人類共通的經驗。所以，只有慈悲，是你對弟兄最合理的交往方式，因為你們承受同樣的苦，也將獲得同樣的釋

放。

　　當這個世界學會了平等的課程，地球的電磁場能量就會隨
之改變，世界將進入另一間光輝的教室。蛻變的種子早已播下
了，你的工作，只是澆水灌溉而已。

十九 § 「同意」的暴行

　　小我心目中的愛，通常建立在彼此看法的一致上，觀念一旦分歧，小我的愛便蕩然無存了。 試想一下，如果你的朋友認定他是某個人所做某件事的受害者，你會同意他嗎？當然不會。即使他懇求你支持他的觀感，你還是會說：「抱歉，朋友，我並不認爲如此。」

　　反之，如果朋友提出某個頗具爭議的意見，想爭取你的支持時，你會拒絕嗎？不會的，你若支持他，則會承擔相當的風險，但你不會因爲他的立場可議就不祝福他。

　　無庸我提醒你，致力於眞理，本來就不是一件討好的事情，當別人說「不」時，你常得說「是」；或當別人說「是」時，你卻必須說「不」。

　　說「不」，也可能是一種愛的表現嗎？大部分的人也許感到

不可思議，其實，以愛的方式去說「不」，並不是那麼難的事。當你的小孩把手放在火爐上面，你立刻會堅定地說「不」，只因你不願他傷害到自己，但緊接著，你會伸出雙臂摟住他，讓他感受到你的愛。

有多少次，你的弟兄前來尋求支持時，他的手不也正放在爐火上？你無法支持這個行為，因為你知道那樣做，反而會傷害他；相同的，你也不願意朋友贊同你類似的行徑。

朋友，就是敢自由表達同意或不同意的人；朋友，就是會對你說真話的人，即使他未必看清事情的全貌或真相，但他敢說出自己的想法。真正的朋友，會告訴你實情，然後尊重你的自由選擇。

這正是愛的表現，無論說「是」或「不」，他都同樣愛護你。他不會隱瞞自己的忠告，也不會強迫你接受他的意見。朋友，純粹只想幫忙，他會懷著尊重的心態，對你說出真話。

你若不願實話實說，就不算是朋友。但這並不表示你的意見一定正確；能夠說得誠實，和能夠說得正確，並非同一回

事。

你若足夠誠實，必會把自己最好的那部分與人分享，這是
人們對你所做的最大期許了。

但是，只有誠實是不夠的，誠實和謙虛必須相輔相成。你
可以謙虛地向弟兄說：「這是我的看法，可能對，也可能錯。
你自己覺得呢？最後的決定仍然在你。」謙虛的人，知道適可
而止，不會剝奪別人自行裁決的權利和責任。

由於你還在不斷尋求別人的認同，所以很難體會到愛的
「無條件」。要知道，同意，正是小我關係所索求各種條件的底
線，到最後，勢必演成一種沆瀣一氣的依存關係。它彷彿在
說：「只要你的小我和我的小我都同意了，我就支持你。」

然而，兩個小我互相同意時，你就必須當心了。因為小我
的本質，就是要去跟另外的小我分裂、隔離和衝突的。所以，
當兩個小我都同意時，絕對是為了要聯手對付另一個小我。這
並不是真正的贊同，而是暫時的聯盟。只要共同的敵人一垮，
聯盟就失去了存在的價值，每個小我又會回到原先各自熱中的

把戲裡。

　　想靠別人的同意來尋求愛，那是不智的，只會帶給你失望；與其如此，還不如透過「不同意」來尋求愛，可能對你更有意義。我曾告訴過你：「愛你的敵人。」我說這話，絕非為了標新立異，或存心要刁難你。相信我，我是語重心長的。

　　首先，你很容易愛你的朋友，因為朋友通常都會同意或支持你，愛他，並非難事。但如果是你的「對頭」，就不會輕易同意你，甚至處處找碴，他不但看到你的缺點，還會竭盡所能地把它們挖出來。如果你有任何盲點，放心，他也絕不會放過的。總之，你的敵人不會給你任何藉口，或為你保留退路的，因此，他反而成了你最好的老師。

　　愛唱反調的對頭，其實最能反映出你不喜歡自己的那些地方，他會幫你指出你想要隱藏恐懼和自卑的癥結所在，只要你肯豎耳細聽他對你的每項指控，就不難看清哪些地方有待修正。如此一來，拼命找碴的人，反而成了你真正的良師益友。

　　為何我說「愛」你的敵人？因為，你若不愛他，就不會珍

惜他帶給你的禮物。

每個人一生中，都免不了有盟友或仇敵角色的朋友。好的盟友，不怕反對你；而好的反對者，也往往就是你的最佳盟友。

在你學習愛你的敵人之際，足以顯示你有面對自己黑暗面的願心。那個敵人，充其量，不過是讓你看到自己的一面鏡子，直到你那張生氣的臉孔逐漸露出笑容為止。

想要與敵人和平相處，你必須試著同時採用他們的以及你自己的眼光來看事情，缺一不可。如此，你才可能掙脫一己的褊狹，超越彼此的衝突，而生出慈悲心來。

記住，與人和平相處，並不表示你一定要認同他們的意見，但是你必須學會尊重他們。

小我的同意，永遠不會帶來和平，因為小我是不可能真正同意任何事的。和平只能來自愛和尊重，當愛現身時，你的對頭彷彿變成勇於反對你的朋友。因此，你無須因為他看事情的

角度與你不同而擯斥他，反而要更加仔細聆聽他的每一句話。

你若能以聆聽朋友的心態來聆聽你的對頭，表示那不是小我在聽，而是你內的靈性在聆聽他內的靈性。

人類的衝突只有一個起因，就是雙方都想貶抑對方的人性尊嚴，看輕對方的價值。只要其中一方產生這種心態，那麼，即使最簡單的小事，都無法達成協議；如果雙方能用尊重和接納的態度彼此相待，無論多困難的細節，都不難解決的。

奇蹟源自於愛。憑著愛心激發出來的解決方案，其效益必然無遠弗屆；而愛的願力，也就是平等相待的願力，正是奇蹟發生的必備要素。

想要從分歧意見達成共識，必須先聆聽並尊重每一個人的意見。我的朋友，你的任務就是給每個人公平表達的機會。這種奠基於民主精神的理想，並非在唱高調，它必須在每天語默動靜的現實生活中，活生生地展現出來。

這一過程如果運轉失靈，其理想也會隨之腐化。過程若強

而有力，即使表面看來，好像動輒得咎，或效果不彰，但民主的理想，永遠指日可待。

一個社會若要包容各種不同的觀點，必須先建立愛和平等的關係，相反地，如果為了獲得大眾的支持，不惜打造出一種犧牲個人自由的極權制度，使得整體無法從各別智慧中獲益，這種制度，註定會失敗。

勇於表達不同意見，的確需要勇氣；想要維繫一個足以接納各種不同觀點的平等環境，更需要相當的智慧和先見之明。邁向真理的路，一向就不是一條容易走的路，更不會是一條權宜方便之路。

解決衝突最權宜方便之計，莫過於殲滅所有不認同你的人，那既不是發自愛心，也不在於了解，它一心只想消滅敵人。這類價值體系，在人類歷史中，可說是由來已久了。

民主平等之路，對你們而言，可說是十足勇敢的新實驗。它要求你聆聽所有的聲音，鼓勵多元性，而且對個人的基本價值深具信心；它要求你去愛、尊重你的對手，甚至向他學習；

它相信人類的心靈意識夠深又夠廣，足以容納所有不同的觀點。的確，民主制度的成敗，全看你們是否有能力接納不同的考量，而且必要時，還願意改變自己的看法。

極權主義者和正統教條派的主張，一向是利用人的恐懼心理，永遠忙著製造敵人，然後再設法制服對方。他們認定宇宙萬象中，只有一方是善的，另一方必定是邪魔外道。

他們奉行的二元世界觀實在過度簡化了。相形之下，我所傳授的慈悲之路，對你們不啻是一大挑戰，要你平等地去愛、去接納所有的人，而且沒有例外，因為懲罰一個人等於懲罰所有的人。這是條艱辛危殆的路，因為當你致力於眾生平等時，現實世界必然會對你施壓。你若真想展現平等的真相，每次面臨挑戰時，你必須全力以赴。

很多人假冒我的名義說話，硬把譴責、批判的想法掛在我的名下，還利用它們來為所有邪惡的行為辯護。所以，我必須再次聲明，不要假冒我的名義來批判任何人，因為我絕不會加入任何一方來打擊另一方的，我也絕不會要求你做這類的事情。我一心一意只要你回到心靈的平安深處，只要你與所有弟

兄姐妹平安相處。就這麼簡單的教誨，你怎麼可能一再誤解而走偏呢？

你若真心聆聽我說的話，就會明白，你無法利用我的觀點來批判或攻擊任何人。當你批判時，請往自己內心看，並自問：「我會用這種方式批判自己嗎？」因為批判任何人，等於批判你自己；批判你自己，等於批判我；而我跟你原是一體不分的，你如何對待自己和朋友，就是如何對待我。我們是無法切割的命運共同體。

我的朋友，請明白，你若一味忙著尋求別人的同意或支持，是不可能找到愛的，愛遠比別人的「同意」要深刻得多。你一旦學會去愛那些持反對意見的人，就能找到那超越批判及恐懼的生命根源。在那源頭，我們全都平等地結合在一起，與我們的指導靈共同自由地思想和行動。

即使你的選擇與我的不同，我依然尊重你有選擇的自由，因為我信任你，相信你會在救恩的計畫中覺醒過來，而且我知道，你永遠不會因犯錯而阻斷上主或我對你的愛。

二十 § 罪與罰

倘若念頭可以殺人，你們有多少人活得下來呢？容我提醒你，所有行動的種子，都存在你們的念頭裡。你若有「我簡直無法忍受這個人」的想法，其實就已經侵犯到他了。

開始時，只是一個念頭，不多久就轉成了語言攻擊，不論你是在眾人面前公然詆毀，還是在暗地裡伺機挑釁，都已構成了一種攻擊。

很快地，口頭攻擊變成一種行動，你的話一旦激怒了對方，他也還以顏色，那你就更有藉口迎頭痛擊，甚至置他於死地了。

整個社會都認為，唯有有形的攻擊行動，才該受到譴責；而口頭的攻擊，雖然令人不快，卻也在所難免；至於起心動念那一回事，我想，沒有人會笨到要別人為他的想法負責的。

　　所以，自殺行為會讓你震驚，但自殺的念頭卻無須大驚小怪，因為許多人都曾起過這類念頭。你們會為強姦或性虐待的罪行而義憤填膺，但強姦或性虐待的念頭卻不會讓你們坐立不安。請牢牢記住，你對別人的想法，所說和所做的一切，不過反映出你對待自己的心態罷了；你對別人的負面觀感，也不過顯示出你自己的負面形象。喜歡搬弄是非或出口傷人的人，所反映的往往是自己愧咎和排斥的心態；肉體的暴行，則暗示此人有自我毀滅的傾向。

　　這種說法絕非危言聳聽，唯有內心受傷的人才會攻擊別人。容我問一下，你們有多少人沒受過傷？有多少人不曾攻擊過別人呢？你和強姦犯、自殺者之間的差別沒有你想像中那麼大。我這樣說，並不是故意讓你難堪，而是想幫你早日覺悟到你對弟兄應負的責任而已。

　　你若能寬恕自己心中的報復念頭，為何無法寬恕別人的報復行為呢？這個人只是把你的想法具體表現出來而已。我並非為他的報復行為辯護，我不會為任何攻擊辯護，也不會鼓勵你這樣做。我只是問你，為何要把這位弟兄逐出你的心外？他可能比你還需要愛和寬恕，你怎麼忍心拒絕他？

你弟兄的內心有很深的傷痛，他也許從小失去父親，也許九歲就開始嗑藥，一直活在毫無保障的貧民區裡。對這個罪犯內心裡受傷的小孩，你難道沒有一絲同情？

你若與他交換一下身分，你會活得比他更好嗎？朋友，捫心自問一下！唯有如此，你才可能生出同情心來。即使你還無法接受這個人，應該也會同情他內在受過傷的小孩。

此刻我跟你講，扣下板機殺人的，並不是眼前這個人，而是那個小孩，是那個受盡打擊而驚恐不安的小孩，是那個感受不到愛和接納的小孩；是那個受傷的孩子在發動攻擊，不是那個成人。

我的朋友，那個成人根本就不存在，只有那小孩活著，不要被他憤怒而鄙夷的成人臉孔所蒙蔽。在他冷酷無情的外表下，藏著極大的痛苦和自責；在他迷失而憤怒的面具下，活著一個認定自己不值得愛的小孩。

你若無法接納這個成人心裡的小孩，你怎麼可能接納你自己內心的小孩呢？他的恐懼與你的，並無多大差別。讓我們先

取下你道德優越感的面具，請出你內在的小孩，會見那人的內在小孩，你才可能生出愛和接納的心，而那正是寬恕的源頭。

在你們的社會裡，罪犯好似一堆誰也不想碰的燙手山芋，你們不想知道他們過的是什麼樣的日子，也不想去聽他們的滄桑史，只想把他們囚禁起來，離你愈遠愈好。你們也用同樣的態度對待老人、精神病患和無家可歸的遊民等等。

我的朋友，你其實並不想負起愛弟兄的責任。但是，不愛他們，你就學不會如何愛自己、接納自己。你的弟兄一向是你得救的關鍵，不管從前，還是未來，他永遠都在扮演這個角色。

一個人會否認並壓抑他自己無法面對的負面陰影，同樣的，整個社會也會否認自己一向不願意面對的問題，甚至把問題人物一個一個關起來。個人也好，社群也好，潛意識裡都充滿了各種難以啟齒的傷痛；而正是那些深埋在傷口下的痛苦、內咎和恐懼，唆使一個人和整個社群發出攻擊行為。

寬恕有如一盞探照燈，把光明帶入個人和社會的黑暗隱祕

角落，它好似針對你的內咎和恐懼說：「出來吧，讓我看看你，我很想了解你。」它也針對罪犯說：「出來吧，見見因你罪行而受苦的人，試著修復你們的關係，如此，才能開始治癒的療程。」

承認內心有傷口，是邁向治癒的第一步。你若不願面對創傷背後的恐懼，不管是個人的，或是群體的恐懼，治癒的療程就無法開始。

面對長年壓抑的痛苦，對你不是一件容易的事；要讓社會去正視它所遺棄的邊緣人物，也不是一件容易的事，但，這些都是我們逃避不了的責任。

除非你清楚意識到自己的傷痛，否則，大家都會一起陷在牢籠裡，繼續攻擊下去。關在牢籠裡的，不只是罪犯而已，每個人都活在各式各樣自己打造的牢籠裡。你若不把潛意識的東西帶到覺知的層面，它就會以某種扭曲的面貌現身；同樣的，你若不肯幫助罪犯去愛自己、接納自己，他就會懷著同樣的憤怒和報復心理再度進入社會，繼續為非作歹。

　　建造更多的監獄，或派出更多的警察巡邏，並無法讓街坊鄰居更安全。那些措施反而會加速提高恐懼的分貝。你若想改善這一情勢，必須把寬恕的工作帶到監獄和街坊鄰居中，聘請更多老師、輔導和社工人員，提供教育和職業訓練的機會，激勵他們的情緒與心智，讓他們感受到某種連結與安全感。接納他們，給他們希望，給他們愛。

　　這是和平使者的任務，也是真正的服務。接納他們，就如接納自己一樣。請記住，你在給予別人之際，就等於給予你自己。沒有人會付出愛而得不到愛，也沒有人會給出禮物卻收不到禮物的。

　　時候到了，別再懲罰你內在的罪人和社會的罪犯了。懲罰，只會引起更強烈的抗拒，那絕不是我們樂見的景象。我們必須設法降低那種排斥心態，必須時時覺察批判與攻擊的念頭，讓內咎和恐懼一一現形。

　　復健的工作有待整合，先把黑暗帶入光明中，把不可能轉變成可能，如此，我們才能無所畏懼地面對它。我們必須從念頭裡找出問題的根源，並且當下調整過來。念頭若不先改變，

是無法改變行動的。

把某些念頭列為禁忌而設法迴避，絕非根本之計。只要你敢正視心裡隱藏的害人念頭，就不需要把它們埋在潛意識裡，然後假裝它們根本不存在。

當人們不知如何面對自己的念頭，或不知如何面對那些念頭導致的結果，你可以幫助他們，讓他們知道如何去面對、去承擔，並且去負責。個人的力量和真正的自尊，往往來自於他明白自己有權決定，該如何想、如何說，和如何做。那些攻擊別人的人，常認定自己毫無選擇的餘地。知道自己有選擇餘地的人，是不會輕易攻擊別人的。

關鍵就在這裡，幫他看到自己確有選擇的餘地，他就可能不再犯罪了。罪行，其實是另一種形式的自我懲罰；它的方式即是趁著意識蒙昧之際，伺機讓根植於潛意識的內咎浮現出來。罪犯之所以犯罪，是因為他還想藉機懲罰自己，而社會成全了他的願望，藉著懲罰，更加深了他的罪咎。

社會若想走出這種惡性循環，唯一方法，就是放下放逐和

懲罰的策略，改用治癒的方式。每個受苦的人都要有「自助而後天助」的認知，社會才能幫他正視自慚形穢的心態，協助他將負面的情緒和自我信念轉變成正面的。

　　被你們社會擯棄的人與我那時代被擯棄的人並無不同，他們承擔的，其實是眾人的傷痛，他們勇敢地為你們不敢面對的痛苦作見證。社會應感激他們，因為他們是指路人，指出人類必須踏上的治癒之道。

二十一 § 力量與成就

順應世界的自然法則，是人類生存的基本條件，然而，還有其他非物質的法則也會左右你這一生的體驗。

當我們與外在世界互動時，刺激了心智，使得思想更加活躍；但是，當心智往內反觀自身時，思想活動就會緩慢下來，甚至完全靜止，此時，「觀者」與「所觀」已合而為一了。

這種自我觀察的練習，十分有用，它能打破主體和客體的隔閡，創造出一種嶄新而密切的聯繫，把過去和未來轉交給當下此刻，也就是永恆的「現在」，那是一切創造潛能之所在。

這能力在潛能狀態下，蘊含無比的勢能，當它向外展現，形成某種力量，必須先克服四周的阻力，因而削減了它的力道。因此，任何能力，唯有在蓄勢待發之際，最能保持它的強度。

當你開始行動時，也須遵循某一具體軌跡；想要中途轉換軌道，絕非容易之事，尤其是箭已離弓之後。

所以，行動之前，需要前瞻的遠見，也需要接收回饋的敏銳覺知。放下期待，仔細聆聽，越過小我的知見，如此，你才能獲得重要且有用的訊息。

早已概念化的心智，常期待每一項行動都能立即帶來直線式的結果，但，結果很少是直線式的。因為前進的力量一遇到阻礙，就會改變路徑；它時上時下，有時還拐彎抹角，常常逸出原先預設的軌道。

明知如此，你訂立計畫時，仍期待一個直線式的結果，難怪，你的期待常常會落空。

正因大部分的決定有失草率，你才需要一再重複類似的決定，再加上內疚的作祟，因而形成一種變本加厲的惡性循環。內疚，就像個磁場，讓你每一項決定不斷遭受懷疑，然後又不得不重新詮釋。這個內疚會把所有的行動都帶回原點，讓你一再重複同樣的選擇、同樣的行為模式，所不同的，只是場合改

變了而已。

因此，你需要培養出前瞻的眼光以及預估結果的能力，才可能發出無怨無悔的行動。能預期計畫中的阻礙，遠比魯莽行事來得穩妥。

這聽起來好像是一種智力訓練，其實不然，那是一種高度的直覺能力，需要真誠的聆聽練習；而在尚未得到指點以前，切忌輕舉妄動。草率行動，效益通常很差。有些人憑著衝動而貿然行事，有些人又過於瞻前顧後；兩種極端，都不足以成事。

我若請你跟你某位朋友說一些事情，不妨注意一下你可能的反應方式。一提起這個朋友，你可能想起跟他交往的歷史，然後根據過去的經驗來回答；你也可能坐下來，閉起雙眼，想起這個人，向他說幾句話，然後看他作何反應。在這兩種截然不同的反應方式間，後者的效果通常會比前者更好。

你一生所需的訊息，都可以透過當下一問而獲得。當然，要使用這種請教方式，你必須保持立場中立才行；任何私心或

偏見，都可能誤導或扭曲所收到的答覆。為了避免這種扭曲，在請教之前，你必須堅決地說：「我要把自己的私心和偏見都擱置一旁，只用開放的心來接受真實答覆，不論它將以何種形式出現。」

因思想和行動之間的因果循環關係，讓你的人生課程延續不斷，這些課程凸顯出，你的願望期待和你目前的現實狀態之間，始終存有一個難以彌合的鴻溝。你不斷想要逃避這一困境，始終未能成功；事實上，困境本身成了你學習的動力。

一直以來，你把生活的焦點放在身外的人事上，這是很自然的，因為世界原本就建築在這些形式與條件上。但是，它無法給你真正想要的，只會反映出你不想要的。在這樣的世界裡尋找幸福，希望終歸渺茫。世界不可能帶給你幸福的；你愈早體會出這一點，你的日子愈可能好過一點。

你若能誠實地反觀自己這一生，不難看清，大部分時間，你不是在抗拒，就是在逃避某種情境。你愈想逃避的情境，它愈是陰魂不散。要知道，你不可能從「逃避」和「否認」裡學到任何東西的。唯有面對它，為當前的處境與經驗負起責任，

你才能針對問題痛下針砭。迎向恐懼，永遠是化解恐懼的第一步。

你以為這一生是為了做出一番轟轟烈烈的事蹟而來的，那種想法，不過是小我尋求肯定的欲望而已。今生今世，你來到此，並非為了大展鴻圖，而是為了化解你對自己及對別人的錯誤想法和信念；畢竟而言，這事無人可以為你代勞，解鈴還需繫鈴人。

化解錯誤，無須大動干戈，化解的過程就像尋常百姓的日子，毫無起眼之處。你不妨反省一下自己的人生目標，問問自己，有多少目標是指向世上的成就？你不難看出，它們大都屬於這一類的。然而，也無須為此慚愧，只須明白，原來自己的眼光一直是朝外的，而且，就算完成了所有的目標，自己也不會感到快樂的。

幸福只存在於當下，如果你現在快樂，就不會渴望其他的成就了。真的，如果你擔心明天或五分鐘後是否快樂，當下已錯失了現有的幸福。所有的計畫，所有的夢想，只會把你帶離眼前的幸福。

你們當中不少人都身居服務大眾的要職，但此刻卻感受不到幸福，所以，我必須問你們：「你們願意為了服務他人，付出多大代價呢？」自己處在苦惱與壓力之際，你真的相信自己能帶給別人幸福嗎？你知道，那是不可能的。

朋友，我只需再問你，為了此刻的幸福，你可願意放棄那些「重要」的目標？你是否有勇氣只活在當下，而不必知道它下一刻會把你帶往何處去？

讓自己全心全意活在當下吧！就這麼一個簡單的決定，便能將你從內心與現實的混亂中解救出來。真理實相，確實具有如此奧妙的力量。

你是否願意擺脫所有的衝突、痛苦、自我懷疑和批判？願意的話，請先放下一切目標、煩惱和焦慮，只需清清明明地活出此時此刻的你。

覺醒的過程不是那麼轟轟烈烈的，覺悟的人也未必成為大師，因為他們無心打造一個光照寰宇的人間組織。事實上，那些人大多默默無聞地活在世上，只有少數幾位門生認出他們的

解脫自在和精神權威。

世人推崇的大師，所傳授的教法，多半相當膚淺，有時還不免媚俗，因為這個世界只會賞識有形的成就及效益；而心靈的成就則是無形無相，非肉眼可察覺的，因此常顯得曲高和寡，不為世人所知。

社會不會重視真正明心見性的人，雖然他可能是世間最有活力的人，但你不會在顯赫的高位上看到他的。即使世人這般抬舉他，他也不會希罕的，因為這類人沒有參與世間權位遊戲的興趣。

對他而言，只有一個問題：「你現在活得平安幸福嗎？」答案若「是」，你已經在天堂了，無庸他人操心了。若「否」，他會追問：「為何不？」

你可能列出滿滿三十頁不快樂的原因，但他只是單刀直入地追問：「有什麼好不快樂的？」你慢慢會發現，你所列出的那一大串不快樂的原因，都無法答覆他的問題，因為你其實現在就能選擇幸福快樂，沒有任何東西阻擋得了你，除非你自甘

沈溺於過去，不願抽身而出，重新選擇。

　　無論哪一種老師，唯一能為你做的，就是反問一聲：「有什麼好不快樂的？」他無法告訴你該做什麼，或不該做什麼，因為做與不做，都在於你，那是你的責任。他唯一能做的，只是鼓勵你此時此刻為自己的不快樂負起責任。

　　告訴你該做什麼或不該做什麼的老師，都可能有違靈性的成熟。真有智慧的老師，只會提出一針見血的反問，很少給人直接的忠告。

二十二 § 不吝惜你的愛

給予別人所需要的愛，你心裡的愛自然就隨之加深；你若吝惜付出愛，那麼，愛對你也會顯得愈來愈遙遠。

當弟兄以不當的行為博取你的關注時，常令你厭煩不已，恨不得一走了之，因為你知道你不可能滿足他的需求。然而，你若轉身離去，表示你不願付出你的愛；而你不願付出的愛，正是你所不願給自己的愛。

弟兄想要的，不過是你的愛，只是不知如何求得而已，因為他早已迷失，不知道什麼才是愛，所以才會向你索求金錢、性，或形形色色的替代品，甚至還會設法操控你，藉之滿足他的欲望。

你當然不希望受他玩弄，也不想過於遷就而讓他得寸進尺；然而，畢竟來說，你也不願完全拒絕他。那麼，如何才是

中庸之道呢？你可以懷著愛心對待他，給他真正想要的愛，而且毫不勉強地給出你所能給的，無須擔心自己能否滿足他的需求。

換句話說，讓他知道，你願意愛他，只是必須對他操控的企圖說「不」而已。當你說「不」時，並沒有將他逐出心外。你沒有批判他，也不會棄離他，只是拒絕扮演受害者或迫害者的角色而已，你是用愛來回應他恐懼的心態。你的態度是：「不！朋友，我無法給你所要的東西，但我會找出一種雙方都受惠的方式來協助你。我不會拒絕你，但也不願貶低你的能力。你對愛的需求，就像我的需求一樣重要，我一定尊重。」

這是相愛之人彼此應有的對話方式。他不會說：「我願意為你做任何事。」而是：「我將找出一個有利於雙方的方式協助你。」如此，愛人者與被愛者才可能平等相待，真誠表達出彼此的關愛。

明白這一點，對你很重要。因為很多人認為，拒絕別人的要求是一種缺乏愛的行為。事實不然。不要讓人一味予取予求，而壓抑了自己，或忽略了自己。愛，是不需作任何犧牲

的。

另有些人則認為，必須拒絕每一個人，才能充分保護自己。那樣想，更是大謬不然。對每個人都說「不」，只會讓你害怕親密關係。當你處處跟人保持距離，不論顯現於行動上，還是隱藏在心裡，都是一種極端恐懼的表徵，那絕非是愛。

請反觀一下自己，你一向是如何拒絕別人而保全自己的，或你是如何拒絕自己來保全別人的？這兩種態度，同樣否認了人際關係的尊嚴與親密感。唯有知道尊重自己的本色而活出尊嚴的人，才可能建立親密關係；也唯有知道尊重別人本色而仁慈相待的人，才有辦法活出自己的潛能。如果你無法給出真實的自己，表示你無法去接受；如果你無法接受別人的真實面貌，表示你也不懂得去給予。

雙方都不需要委曲求全，也不該接受對方的玩弄。當你覺得受到侵犯時，必須說「不」，然後寬恕對方的無禮。然而，不要過於執著這個「不」；這個「不」，只是針對他的行為而已，並非表示你拒絕回應對方愛的呼求。先寬恕對方的侵犯，然後再心甘情願地給予愛和協助。

　　試著靜下心來，練習一下，把你對操控所說的「不」，逐漸轉變成對愛所說的「好」；再將你對愛所說的「好」，逐漸轉變爲你對操控所說的「不」。僅僅以平等心態來尊重自己和別人，不要攻擊，免得自己淪爲受害者；也無須防衛，免得自己又變成攻擊者。

　　用愛來取代你所有的怨尤。你若覺得受到攻擊，就對攻擊說「不」，但不要反擊回去。你一旦身不由己地回擊的話，那麼，不妨正視一下自己的反應，然後修正過來就行了。切勿把你的內疚延續成下一個攻擊，如此，你當下便已把問題扭轉過來了。

　　你給予愈多的愛，就會引來愈多的愛，因爲你的愛會把你導入愛的磁場；你的付出也一樣，會將你導入更形富裕的磁場。

　　你必須學會對別人所需要的愛說「好」，你愈習慣這樣做，他對你的態度就愈不受恐懼所驅使。你若想要消除暴力，首先，不能讓那可怕的人更加害怕，而要設法把你的愛和協助傳遞給他。愛有拯救的力量，而恨只會詛咒。

除非你在現實生活裡練習去愛，否則你很難明白愛的力量有多大。不要把敵人逐出你的心外，試著把他們接到心裡來，那樣，他們就無法與你為敵了。

每個人都需要愛，都渴望別人的接納，給他這個，他就不會害怕了，給他這個，他就不會攻擊你了。

時候到了，你該已明白：你捨不得給別人的東西，也會捨不得給自己，因為他和你不是兩個分立的個體，唯有認清他的真實價值，你才能由衷肯定自己的價值。

二十三 § 愛的漫步

當你的弟兄攻擊你時，你明白，那是因為他感受不到你的愛。他若感受得到，就不會攻擊你了，所以不必急著反擊回去，只須設法提醒他，他一直是被愛的。

下面這個簡單的練習，散步時可以做，而且多多益善。

在心情歡暢的那一天，請走出家門，到社區去散一下步吧！一路上，如果看到悲傷或生氣的人，請用一個簡單的方法提醒他，他是被愛的，給他一個微笑、一朵花、一個汽球、一片三明治、一杯咖啡，甚至唱一首歌，或朗誦短詩給他聽，並對他說：「這是特地送給你的，祝你今天過得愉快。」

在你心情沮喪的那一天，也去做同樣的事。如此，不斷地嘗試，反覆地練習，它會帶給你驚人的成果。實在說，世上沒有一件事，會比提醒別人和自己原是被愛的這一事實，更令人

興奮歡悅的了。

請記住，一個感受不到愛的人，是無法給予愛的。因此，你只有一個責任，就是去感受一下藏在心裡的愛，並幫助別人也感受到它。不妨想像一下這樣的世界：每個人都明白自己唯一的責任，只是給予愛和接受愛。朋友，這個世界，就在你的身邊。

在你的生命感到有所欠缺之處，那就是最需要愛的地方；當你感到某種不滿足之際，那也往往是你吝惜不給別人愛和支持的時刻。

別再吝惜你的愛了，隨緣施予，你就會領受到無限的愛，那原本即是上天恩賜的權利。

當你感到被愛之時，試試這個練習，看看有何結果；覺得被人冒犯時，也做一下練習，再體會它的結果是如何。

實驗一下吧！蠻好玩的，別在乎練習的外在形式，只要你有心去做，機緣自會出現的。

二十四 § 外境之幻

　　所有「客觀」的現實，若非經過你主觀的同意，根本無法存在。但我們若朝「同意」的內涵追究下去，就會發現，它有如一層一戳即破的薄膜，覆蓋在你所認定的世界上。在那層薄膜下面，其實，誰也不會同意誰的。

　　任何發生的事件，都有它的機緣與天意，只要你一介入其中，設法賦予它你一己認定的意義，天機就隱身而退了。只要你認為自己知道這事的意義，就再也無法真正了解它了。

　　若想了解一件事情，需要一顆充滿感激和同情的心，你必須跟那個情境同步而且同理一會兒，它才會自動向你顯示它的意義，那絕不是靠頭腦想出來的。

　　理性通常會先作判斷，再向外尋找一些證據來支持自己的立場。可以說，整個世界就是由接受判斷和反對判斷的人所組

成的。處在這樣的世界裡，怎麼可能沒有競爭、鬥爭和貪婪？

你也許不敢追問：沒有判斷的世界會是什麼樣子？我的朋友，這才是唯一值得提出的問題。

但現在，你能提出這個問題嗎？你能否自問一下：「如果不由我來評判自己的生活，不知我這一生會活得如何？」你必須把外在事件和你的評判分開來看，才可能明白此事。

若想了解事件的「真相」，你必須放下你的判斷，單純地與它同在，才可能深入其中。這方法適用於任何日常事件。例如：你若剛被診斷出罹患癌症，那麼，試著與癌症同在，然後再認清你自己對癌症的看法，不管結論是正面或負面的，那都是你自己的詮釋。換言之，是你在決定它的意義。

不要自行決定某些事情的意義，讓它來呈現自己吧！你只需與它同在，隨之俯仰吐納一番，釋放你對它的成見，才有機會了解它的真相。不論你是否能夠具體說出自己的感受，都無關緊要，時機一到，某種慧見自然會進入你心裡。

事件的意義或目的，其實一直都埋藏在你心底，要找出那些意義，你必須往自己內心去看，你若一味向外探求，想從所謂的「客觀」事件中找出它的意義來，只是浪費時間而已。

通常，你最先想到的，就是向別人請教，向專家求助，一個意見還不夠，還要找第二個或第三個意見。

老實說，聽了第三個意見之後，你是否覺得比第一個意見更清楚了呢？請教專家之後，真的讓你茅塞頓開了嗎？讓你心情平安一點了嗎？若是如此，你最好小心！因為用別人的詮釋來取代你自己的，不但不能幫你釐清真相，反而可能引你步入歧途。

若想深入問題的核心，你必須先清除自己所有的詮釋，而單純地深入其境。當朋友對你說：「我有答案。」不妨禮貌地辭謝他們，他們的答案，可能也跟你自己的評斷一樣，百害而無一利。

你只要承認：「我不知道這件事的意義，我願給自己一些時間慢慢了解。這件事會發生在我的生活裡，必有一個無上的

智慧在主導，而我願意相信，它必會啟示給我這事的意義。」

　　這是你所能做的最好回應，也是愛的回應，它能釋放你和你身邊的人，讓你不再衝動地判斷、解釋，或急於將問題合理化。

　　這樣說，並不是要你拒人於千里之外，相反地，你該邀請他們進入你的生命，讓他們握住你的手，凝視他們的臉，感謝他們的關心，並讓他們知道：「我這兒沒事……我只需要更深地去面對某些問題而已。」

　　放下批判和詮釋，原是一件輕鬆的事情，你若覺得困難重重，表示你已忘記怎麼「活」(to be)，才會把生命裡原本最容易的事，變成一套極其複雜的修行功課。其實，你隨處都能找到各式各樣的法門，教你怎麼「活」或「臨在」(to be)，然而，一落入方法，你就已經從「活」轉變成「做」(to do)了。

　　奉勸你，放下所有的方法吧，它們全非必要，你只要停止批判、解釋、推測和概念化，放下所有「非臨在」的作為，自然活得生機盎然。然後，你才能從表面看來雜亂無章的事件

中，看到天恩所在，那時，你將明白它的意義，並為此慶幸不已。

這個意義一旦呈現眼前，你就不會畏懼自己今生今世的任務。但你若還企圖強迫生命綻放，催促它開花結果，它就無法啟示原有的意義了。

所以，耐心一點，對自己寬容一點，你生命的喜悅和美麗就在當下，一切都唾手可得，你此生的任務也會在這一刻完全展現出來。

不要從經驗之外尋找意義，只要信任事情的真相，與它坦然共處，如此就行了。這是我所能給你的最深教誨，因為，僅僅這樣簡單的練習，就足以粉碎所有遮蔽真理的障礙。

二十五 § 奇蹟—— 有爲之終，無爲之始

你在有生之年，愈想有一番作爲，對死亡的恐懼就會愈加強烈，因爲死亡是一切「有爲」的終點，你所有的想法，以及跟別人言行與情緒的互動，也不得不到此結束。死亡是個體生命的結束，身體及有限的心識，到此都一併告終。

然而，你一旦超越了形體的存在，所有起心動念、計畫、夢想等心識活動都停止之後，反而更能擴展心靈活動，爲什麼？心的本質原本是無量無邊的，不受時空限制，超越一切有形界線。你在世時，爲了遷就個人或群體的有限時空，只能經驗到心靈的一部分能力，還有其他心靈活動，是遠遠超越你的理解及覺知的。

死亡，結束了個體主觀的心識活動，也結束了你所熟悉的溝通方式，因爲你的溝通方式，一向都是侷限在兩個分立的心識之間進行的。這種溝通經驗，其實非常虛幻不實，我們甚至

可以說，那是一個無限境界的極其有限的呈現 。凡是有過瀕臨死亡經驗的人都知道，在這個知覺世界之上，還有一個真正的實相。在那個世界裡，溝通是瞬間而全面的。換句話說，在那裡，每個人都知道你在想什麼，但這不會造成困擾，因為你也知道別人在想什麼。

那裡不再有隱私的念頭，任何有限的念頭稍稍萌生，很快便會被比較自由的念頭修正過來。由於思想界定了你的自我認同，思想一旦突破了，你的自我認同也會隨之擴展開來的。

奇妙的是，此時此刻，你即已和無限的本體溝通了，無須刻意奮鬥，或任何企圖心。你的身體沐浴在光中，你的心有能力接收無條件的愛，而你的靈也有能力直接穎悟真理；只要你肯靜下來，決心經驗它，你就能夠擁有這一切的。

一旦離開了身體，不管是否準備就緒，你都會經驗到這一境界。你若抗拒這個經驗，就會被導引到另一個有限的身體去，它會提供你另一種經驗真理的成長過程。你若已準備好接受這無條件的愛，便會穿越每一個恐懼，以及你加在自己身上的每一道限制，而奔向那無懼又無限的一體境界。那一境界，

就是你們所謂的天堂。

不論透過什麼方式來表達：升天堂、斷輪迴、進入涅槃、解脫業力、超越六識心，它們都是同一回事，全都指向意識之旅的終點。每個人必將抵達此地，每個人終將圓滿成就。

所有的靈修方法不過是爲了幫你節省時間而已，它邀請你進入當下此刻，體驗一下無條件的愛和無限的天恩；它邀請你停止造作，停止思想，停止計畫和夢想；它邀請你在靜默中與自己溝通；它邀請你把每位弟兄對你的想法和行爲都當成一面鏡子，反觀你是如何看待自己的。

它將生命錯綜複雜的經緯線簡化成一個想法，一個呼吸，一個行動。它還告訴你：每一件事，每一個關係，每一個起心動念，都是你覺悟的工具。

拋開一切教條和空洞的儀式，你才能進入靈修經驗的核心，進入敬天愛人的殿堂。每個靈修傳統，其實都蘊含了這樣的邀請。

　　真的，平安、喜悅和快樂的渴求深植在你們心裡，而要滿全這一渴求，你必須踏上靈修之路。至於你給它什麼名稱，或採取何種形式，全都不重要。重要的是，給予之道，自會展現於你眼前；你給予什麼，就會從別人那裡收到什麼。

　　靈修之道，有它單純的美麗和神祕，雖然超乎你的想像，但你仍能直覺出下一步該踏向何處。

　　真正的靈修，絕非直線式成長的，它不像醫生的處方那樣明確：「只要這樣做或那樣做，就會有這樣或那樣的結果。」

　　無論你做什麼，必須發自內心深處，因此，它必然是嶄新、純淨而且真心；是又自然又隨緣，既不勉強，也毫不做作。

　　你若還帶著過去的殘渣，懷有任何的恐懼，就無法真正去信任，奇蹟便無從發生。任何「造作」、「拯救」或「療癒」的行為，一旦消除了恐懼及衝動的陰影，本身就成了一個奇蹟，不受自然律的限制，依舊可以在物質時空中散熱發光，它的影響無遠弗屆。

爲什麼？因爲它不經預演排練，因爲它不是有限的心識活動，因爲它自然又隨緣，充滿了信任。這類思言行爲本身，即是活生生的禱詞。因此，你無法預設，無法複製，也無法藉學習得來的，它是你與無限本體眞實交流的結果。

覺醒的呼喚就深埋在你靈魂深處，它和別人心中的呼喚大不相同；你若聽從別人的心聲，就不可能聽到自己內心的呼喚。你一旦聽到了，就會明白，每個人都在以自己的方式聆聽這一呼喚。就這樣，你已加入了他們的陣容；祝福他們，如同祝福自己一樣；允許他們自由地踏出自己的路，這樣，你也才能自由地踏上自己的路。

在那裡，沒有競爭，也沒有貪婪，因爲那是無所得也無所求的境界，那兒一切俱足，供你廣施無限。每一個給出的禮物，不論是給你的，或給他人的，都蘊含了奇蹟在內。

二十六 § 寬恕之路

我選擇了寬恕之路，唯有它能解開創傷的時間之鎖；因為，如果沒有時間，創傷就不可能存在。

放下過去，怨尤便無從生起了。很簡單，不是嗎？時間能使創傷顯得很真實，連死亡也變得真實了，它使你生命裡的滄桑顯得真實無比。其實，時間世界裡，沒有一事是真的。

你若能超越時間，哪怕僅僅一刹那（我保證你能做到），你就會明白得救或開悟是怎麼一回事了。在超越時間的那一刻，你所說或所做的任何事，不再具任何意義；在那一刻，你不再執著任何東西，沒有過去，沒有未來，也沒有任何身分；在那一刻，言語道斷，一體不分，只是純然的臨在。

在那一刻，你活出了全部的時間，只是不知道而已。這簡直不可思議，你身在天堂，自己卻渾然不覺！因為你雖在天

堂，心裡卻還沒有準備好接受它的境界；因為天堂無法兼容你的小我、你的計謀，和你的夢想，也無法與任何權力鬥爭、人生課程，甚至你的寬恕過程共存。

天堂裡不需要寬恕。你也許會問為什麼，那是因為天堂裡根本沒有罪！能夠活在當下的人，是不可能犯下罪行或生起妄念的。天堂演不出官兵抓強盜的連續劇，也演不出罪人終於得救的連續劇，因為天堂裡沒有一物需要修補。同樣的，在這一刻，也沒有一物需要修補，你只須記住這一點，就能躋身天國了。

你們認為，唯有「好人」才進得了天堂，但你們對「好」的定義卻莫衷一是，難怪前往天堂的路線，被你們擺弄得如此複雜迂迴。

連你們當中悟性較高的人，仍然相信：犯一點兒錯無傷大雅，但罪惡則有待拯救。你們務必排除那套老舊的信念，別再認為我真的為你們的罪而犧牲了。我的朋友，別再相信那些胡言亂語了。

讓我問你，為什麼我要為你們的罪而死？那些罪又不是我犯下的。我猜你可能認為，我既是如此寬宏大量，又是如此的「好」，所以能夠出污泥而不染，也能夠無怨無悔地為你們犧牲。這樣一來，問題全部解決了，對嗎？

真的沒問題了嗎？如今，你們相信只有我能拯救你們。萬一我救不了你們，你們會把我再度釘上十字架嗎？或是乾脆自行了斷算了，這是你們想要證明一切都沒問題的方式嗎？

不是的，這不是我的意思。我所謂「一切沒有問題」，並不是指將來沒問題，也不是指你們只要有信心就沒有問題，而是說，當下這一刻，沒有問題，既不需要你們的修補，也不需要我來修補。

你若想了解這一真理，必須具體練習寬恕。只要你一想到某個人或某件事不對勁，先寬恕自己有這個念頭；只要你一認為自己有錯，也一樣先寬恕自己有這個念頭。不妨這樣對自己說：「這看起來好像不對，但我懂什麼呢？我也許該反省一下，這是否即是我不想面對的問題；正因為我不想去看，才會認定它有問題。」真心面對你所譴責的事情，那是消除內疚最

快的方法。

凡是你認為有問題的人物或事情，恰恰顯示了你認為自己有問題的地方。弟兄，那正是你的內疚藏身之處。好好正視它一下，否則你會被它控制一輩子的。

別再把幻相當真了，也別再為自己的批判辯護，那只會讓你更加相信自己與別人是分裂的個體。勇敢一點，鼓起勇氣來，看出困擾你的，不過是自己的內疚而已。正視一下困擾你的事情，然後寬恕自己竟然把它弄假成真。要知道，唯有自慚形穢的人，才會對這瘋狂世界的事情如此認真。

在人生旅途上，你只需要寬恕一個人，那就是你自己。一向以來，你不只是法官，還兼陪審員，同時，你也是囚犯——你自認確實是這個三位一體的大壞蛋。

我的朋友，請放輕鬆一點，你對別人的惡言惡行，不過是一種自我懲罰而已，最後承擔內疚的仍是你，不是他們。你愈感到內疚，就愈難以放過自己；你若還把這個內疚投射出去，轉為攻擊別人，只會加深你的內疚。此時，唯有練習寬恕，才

能將你引出恐懼的迷宮。

好好寬恕自己吧，特別是，寬恕那個正在批判別人的你，如此，才可能寬恕那些被你判定為不好的事情。為了你自己和被你批判的人的緣故，不妨慈悲地看待你自己的批判吧！但也不要為你的批判辯護，以免又把幻相假戲真做了。

你若真能如此，恐懼、批判和期待在這一刻全被放下了，過去和未來都被帶到現在，存在的只有當下這一刻以及你的慧心。

你看它時，心中若還有一絲恐懼，你只需誠實地面對這一恐懼；你看它時，心中如果還懷著批判，那麼，就誠實地面對你的批判。只要你肯寬恕自己的恐懼和批判，它們就無法繼續作祟下去，你也不會再隔著灰濛濛的玻璃觀看，而能輕鬆自在地活在真相裡。

寬恕是必經之路，因為它解開了咬住創傷不放的時間之鎖；真的，如果沒有時間，創傷便無處滋生了。

　　我的弟兄，你原是純潔無罪的，卻認定自己有罪。當你如此確信時，你就需要寬恕，它是解除你作繭自縛的唯一途徑。

　　你誤以為自己能傷害別人，別人也能傷害到你，這一想法，左右了你的世界。你降生到這裡，就是為了處理你的信念所造成的後果。最後，你終將認清它們的虛幻不實而徹底解脫。

　　要知道，如果你們可能受傷，如果整體實相能夠被痛苦或死亡所牽制或損毀，你的世界早就回天乏術了，你所有蒙昧錯亂的想法也會一發不可收拾，延燒到永恆之境，那麼，你的世界可說是暗無天日，萬劫不復了。

　　我知道，有時它看起來，好像真的如此，事實不然；它現在不是真的，以前也不是真的，即使在最黑暗的時期也不是真的。我的弟兄，你的世界、生命和想法，從來沒有離開過天堂之境，因為天堂就在此地，而且就在此刻。

　　你想看什麼，就會看到什麼，因為所有的看法，都是出自你的決定。你若能對眼前之物不再賦予自己的意義，靈性之眼

便會自然開啟，你就會看到一個不受審判的純潔世界，透出不可言喻的美。

世界的手銬腳鐐即將鬆解，即將脫落，你能自由地升到閃亮的星群中，往下俯視著地球，如同我現在一樣。你會充滿悲心地說：「我曾在那兒待過。當我害怕時，我學會穿越自己的恐懼。那是一塊聖潔之地，在那裡，每個敵人最後都變成朋友，而每個朋友也都變成了弟兄和老師。那是聖地，死亡和分裂的夢境都結束了，我很榮幸參與這趟旅程，也很高興我終於回家了。」

於是，你會豁然開朗，明白自己其實並不必走這趟救恩之旅，原本就可以心安理得地留在家裡的。但是，如果沒有這趟旅程，你就無法知道自己的純潔無罪——這個「天知、地知、我知、你卻不知」的事實。

不曾從恩典之境殞落的天使，永遠無法參與上天的造化，因為他缺少一種意識性的創造能力。若想透過意識來創造，你首先需要了解你的創造物；若想認識你的創造物，你必須加入他們的行列，親自走一趟他們的旅程。

我的朋友，你已經走過這一遭了，可以回家了。你的旅程經由罪和死亡的洗禮，已經變得完美無瑕，煥然一新了。

何其美妙！撒旦已經獲救，浪子已經回頭了，天堂裡的天使都在歡喜慶祝，而所有走過這趟旅程的人們，也都情不自禁流下喜悅的眼淚。

二十七 § 小我之死

小我的本性酷愛分裂,一心想要征服別人;若沒有分裂,便沒有征服可言。世間每一個念頭,若非製造分裂,就是拉近人心的距離。在那當中,每一個分裂的念頭,不論是離間彼此的觀念,或是離間人際的關係,都會蒙蔽你對一體境界的意識感;反之,能拉近不同觀念,或彌合人際關係的念頭,必然有助於你對一體境界的體會。

觀念,就像思想者本身一樣,很容易演變成敵對關係。你認為攻擊別人的觀念,不至於攻擊到他本人;實際上,當你攻擊別人的觀念時,大多數人都會感到這是一種人身攻擊。

人們一向把自己的想法當作自己來認同,所以,你若想跟別人溝通,必須設法包容他們的觀點,如此,當你表達自己的想法時,才容易被他們接受。人們唯有學會包容彼此的想法,不比高下,才可能和平共處。因此,即使在你無法苟同別人的

觀念之際，你仍能接受它，這只顯示你對他的尊重與信任而已。

　　你最好著眼於自己與別人的相通之處，而非分歧點，彼此才有和平共處的可能。唯有看到相通之處，你才會尊重彼此的差異；你若只看到分歧之處，就會想盡辦法去消弭那些差異，但這種企圖，註定會失敗的。因為，那些差異對雙方而言，其實都有好處，只要懂得互相尊重，那些差異並不至於影響雙方的親密或友好關係。

　　永遠要給對方表現差異的空間，這樣，才能確保你們的親密關係。你若覺得必須變得像他一樣才會被他接受，或他也覺得必須變得像你一樣才會被你接受，那就表示你們仍企圖改變對方。允許差異的存在吧！接受你的現狀，也接受他的現狀，別再把差異當成問題，如此，你和他才可能活得安心自在。

　　不妨反省一下，你自己多麼渴望改變別人來符合你的期待；也留意一下，別人又是多麼想要改變你來符合他的期待。你看看，就是這種微妙的拉鋸戰，形成了小我的世界。

小我是宇宙中最缺乏安全感的東西，這就是為什麼它始終需要結黨營私為自己壯膽。它對自己沒有一點兒信心，自然缺乏包容別人的胸襟。它憎恨自己，所以也憎恨一切事物；它的自尊與自傲常是虛張聲勢的，你若把小我支解開來，只會看到一個裸露在外的可憐傷口。

小我，就是你心裡不知道自己可愛的那一部分，它既然不知道自己有愛，自然也給不出愛來。覺得自己不被愛而且不值得愛的人，怎麼可能找得到愛？然而，這豈不就是放逐於人間每一個靈魂的哀泣麼？

我們必須教導小我看出它是有愛的，然而，這一課題會直接威脅到小我的存在，因為小我一旦認出自己的愛，就不再是小我了，它搖身一變，成了愛的化身。

至此，你終於明白了，為何大多數人並不真想開悟。覺悟的觀念，對仍在睡夢中的人是可怕的，他會以為：我一旦覺醒，恐怕就不存在了。所以，對他而言，覺悟和死亡一樣可怕；永恆無限的大我，必須等到無常而有限的小我死亡之後，才有機會現身。

　　死亡遲早會來臨，不論以何種形式出現，也許是身體的死亡，也許是心靈的覺醒——因為覺醒本身，就是「大死一番」。覺醒之後，死亡就變得無足輕重，也稱不上是一種損失，只因你是否存留在這一具身軀內，都已經不重要了。不管是哪一種方式，你都能活在當下。

　　死亡是學習活在當下的最好教材，你若希望加速覺醒，不妨試一試死亡。在死亡的過程中，你對所有事物的覺察與生前大不相同，你會意識到每一個呼吸，每一個細微差異，每一朵花，每一種愛的流露。

　　死亡有如一門覺醒的速成課程。但這並不表示每個死亡的人都會覺醒，只是說他們上過一堂死亡的課程而已。若能從這一門功課畢業，無論最後被送到哪裡去，都會活得心安理得。即使再度回到肉體之中，也都無妨，如果能藉由肉體的存在而幫助別人，也不是一件壞事。往何處去，已不再重要，因為你已無須證明什麼了，你的出現，純粹是為了幫忙。

　　別再追逐無謂的名分與意義，那是你回家之路必經的關卡。你愈不需要保護自己，就愈能幫得上忙；你幫助愈多的

人，你的喜悅也就愈大。

我不會跟你說「死亡是很好玩的課程」，對你而言，「死亡一點也不好玩」，只因你心裡多多少少依然執著某種存在的名分。

你在世所經歷的一切，不過是為了幫你學習信任自己、信任弟兄、信任上天而已。在覺醒的最後一刻，也就是你能全然交託之時，這三種交託便融合為真實的你了。

那一刻的經驗是超乎言詮的，但我保證，你遲早會經驗到的；而在你經驗到那境界以前，世上的一切，對你好似一場不可理喻的鬧劇。

二十八 § 天恩無限

寬恕，是上天賜你的永恆禮物，它不是突然從天而降，也不會被任意撤回，它一直都在那裡。僅僅這一份禮物，便足以將你由眼前的苦難中解救出來。

寬恕，是專爲這世界而設的方便法門，但它卻不屬於這個世界，它來自生命的終極源頭。因此，這份禮物不論「施」與「受」了多少次，它永遠取之不盡，用之不竭。寬恕，是充滿罪咎觀念的人間所引領盼望的最後答案。

但現在，你還無法體會這份禮物的珍貴神奇，妙用無邊，因爲，你還沒有把它納入生活每個層面，以及人生所有的際遇。若能做到這一點，你便會明白它無所不能；沒有任何場合、任何情境，你無法接受或給予這一禮物的。

寬恕是唯一不求回報的禮物，也是唯一在施與受之際，不

帶給人罪惡感的禮物。

你現在可能還無法體會到，寬恕之門的背後所蘊藏的無窮之愛，因此，空談無益，目前你只需誠實地活出自己，站在那扇門前面，輕輕敲叩，如此就夠了。然後，耐心而堅定地等候吧！誠懇地面對每一個噁心的負面念頭，然後慢慢放下。因為你心裡明白，你的每一個念頭，若非釋放你，就是囚禁你，而你終會選擇釋放自己的這一條路的。

當平安來到你心中時，這道門便會自動開啓，門後的帷幕一被掀起，你便能進入上天許諾的福地。但那一刻到臨之前，安心地留在你目前所在之處，好好用心地練習。

上天賜給你這趟人生之旅一個禮物，也是唯一的禮物。祂說：「孩子，記住，你隨時可以改變心意，重做選擇。」祂並沒有說：「孩子，不准離開我！」也沒有警告我們：「孩子，你敢離開我的話，一定會吃盡苦頭。」祂只是說：「記住，你隨時可以改變心意，重做選擇。」

是的，你隨時可以改變每一個怨恨或痛苦的想法，你甚至

可以質問每一個不快樂的念頭，並找出另一個讓你感到喜悅自在的念頭。

上天從不說：「我絕不允許我的孩子犯任何錯誤。」祂只會說：「我相信你一定會迷途知返，而且我會給你一個能夠引領你回家的禮物。」在祂的眼裡，你所有的錯誤根本不算什麼。對祂而言，你不過是個孩子，好奇地在自己的世界裡探險，從不斷嘗試和失敗的經驗，學習管理這個世界的法則。

那些法則不是祂所制訂的，那是你在打造人生舞台時自己訂立的遊戲規則，只是你已忘了這一回事，也忘了連這能力都帶著上天的祝福。祂說：「孩子，請記住，不論這一旅程會把你帶到何處，你隨時可以改變心意，重做選擇。」

就憑著上天單純而圓滿的大愛，把你自設的定局都變成暫時的施設，把你視為真實之物轉化成虛幻之境。你造出了死亡的灰燼，祂卻從灰燼裡造出不死的鳳凰。對於你每個作繭自縛的念頭，祂僅有一個答覆：「記住，孩子，你隨時可以改變心意，重做選擇。」

　　就像希臘古神普羅米修斯一樣，你也想盜取眾神的聖火。但祂不曾為此懲罰你，也不會將你捆綁在岩石上，終身被禿鷹啄食。祂說：「孩子，這聖火拿去吧！只是小心點，別燒到手了。而且記住，你隨時可以改變心意，重做選擇。」

　　祂不僅沒有譴責你的錯誤行為，甚至毫不在意。祂知道，玩火的小孩一不小心便會燒到自己；但祂更知道，小孩唯有學會如何照料火種，才能用它來溫暖自己並照亮前程。

　　祂知道，你「想要知道」的決心會讓你陷入險境，從此，你會誤以為自己的幸福完全取決於別人對待你的方式，你還會忘了你並不是一具脆弱的肉體，活在無情的人間。祂知道，有朝一日，你甚至會忘記自己的源頭，伊甸園對你只是一個遙遠而模糊的記憶，連它的存在與否都令人起疑。而且，祂也知道，終有一天，你會為了自己所遭遇到的苦難而責怪祂，忘了這是你自己當初「想要知道」而做出的選擇。

　　這一切，祂其實並不擔心，因為，當初你義無反顧地準備踏上那分歧之路時，祂曾說過：「孩子，請等一下，我們可能要好久以後才能重聚，請收下我給你的這份小禮物。無論你到

哪裡，請隨身帶著它，以便憶起我來。」

我們大多數人雖已不記得自己當時說「好」的許諾，然而，祂的聲音，也就是祂的靈，始終陪伴著我們流落他鄉，直到現在。

因此，當你感到孤獨和失落時，當你忘記是你自己選擇了這趟旅程時，請記住：「你隨時可以改變心意。」而我在此只是為了幫你憶起此事。這不是我的禮物，而是上天給每一個人的恩賜。只因我已經從祂那裡接下這份禮物，才能轉送給你；等你從我這裡收到禮物後，請你再轉送給其他弟兄。

寬恕乃是上天賜你的禮物，無論你在哪裡，這份禮物始終伴隨著你。當你遺忘時，祂還會派遣許多使者，提醒你這份禮物。他們會繼續叮嚀你：「你若想保有這份禮物，就必須把它給出去。」

許多光明使者都帶著這個簡單的提示來到人間，讓薪火相傳，他們是寬恕的施主，愛的使者。即使在黑暗的世間，依舊記得光明之所在，因他們已經領受了寬恕的天恩，並試著無條

件地給予所有願意接受的人。

　　但是，我得提醒你，千萬別把焦點放在贈與的施主身上，我們並不重要，我們也不是禮物本身，我們只是幫人送禮而已，就像你一樣。讓我們記住這份禮物的真正來源，這樣，我們才能無條件地給予和領受。

　　我們現在所做的一切，你日後也會跟著做，而且還將做得更多。你的得救，成了人類獲救的先聲。只要你能在弟兄身上看到他們的神聖自性，就能幫助他們看到你的自性。這樣，真理之光將在許多人的心裡開始點燃，曉明之星也會再度照耀在大地之上。

　　悟入真我自性的人，必會將歷經人間滄桑的孩子擁入懷裡，孩子們也將在大愛的光明中勇敢地站起來。流浪他鄉的遊子終於返回天堂福地了。當你讀到這裡，必已明白，這一切將會發生在你身上。鼓起勇氣吧！我一直伴隨在你身邊。

　　讓我們一起感謝這個充滿愛的寬恕禮物，因著祂對我們永恆不渝的信任，使我們找到回家之路。不論何處，我們都會記

得祂永遠相隨左右，爲我們指點迷津。因著祂，我們不再孤獨，因著祂，我們才有弟兄相伴，更感謝祂所派遣的大智大慧者，照亮了我們的道路。

讓我們以祂之名慶祝這一段人生旅程，殷切祈願世界早日解除「內疚」這唯一的苦因，那時，我們才能欣然領受天恩，那是在「施」與「受」之際，唯一不會產生內疚後遺症的禮物。感謝這份寬恕的禮物吧！我們將智慧地用在生活每一個角落，爲仍然陷於黑暗的靈魂帶來光明。

二十九 § 祝福偈

只有一個上天之子，
那就是你。
由祂那兒，你領受；
向祂那兒，你施予。

當你凝視自己，
願你憶起這一事實。
當恐懼侵入你的眼中，
只須如此提醒：
施者與受者，
愛者與被愛者，
並無你我之別，
兩者同一無異。

你給出的，
與你領受的，
只是彼此的倒影
……而已。

奇蹟資訊中心
出版系列：

《奇蹟課程》（A Course in Miracles）
——新譯本

《奇蹟課程》是二十一世紀的心靈學寶典，更是近年來各種心理工作坊或勵志學派的靈感泉源。中文版已在1999年由若水譯出，並由作者海倫·舒曼博士所委託的「心靈平安基金會」出版。

新譯本乃是根據「心靈平安基金會」2007年所出版的「全集」，也是原譯者若水在「教『學』」本課程十年之後再次出發的精心譯作。全書分為三冊：第一冊：〈正文〉；第二冊：〈學員練習手冊〉；第三冊：〈教師指南〉、〈詞彙解析〉以及〈補編〉的「心理治療」與「頌禱」二文。新譯本網羅了《奇蹟課程》所有的正式文獻，使奇蹟讀者從此再無滄海遺珠之憾。（**全書三冊長達1385頁**）

《奇蹟課程》〈學員練習手冊〉
新譯本隨身卡

《奇蹟課程》第二冊〈學員練習手冊〉共三百六十五課，一日一課地，在力求具體的操練中，轉變讀者看事情的眼光，解開鬱積的心結。

若水由十餘年的奇蹟課程教學譯審經驗出發，全面重譯這部曠世經典。新譯版一本經典原文的精確度，語意更為清晰，文句更加流暢。精煉再三的新譯文，吟誦之，琅琅上口，饒富深意，猶如親聆J兄溫柔明晰的論述，每天化解一個心結，同享奇蹟。

為方便現代人在忙碌生活中操練每日一課，經三修三校的重譯版，首度以隨身卡形式發行，以頂級銅西卡精印，紙張尺寸 8.5 × 12.6 公分，另有壓克力卡片座供選購。（**全套卡片共 250 張**）

奇蹟課程導讀與教學系列

《奇蹟課程》雖是一部自修性的課程，只因它的理論架構博大精深，讀者常易斷章取義而錯失精髓，故奇蹟資訊中心陸續推出若水的導讀系列、米勒導讀，以及一階理論基礎及二階自我療癒DVD、其他演講錄音或錄影教材，幫助讀者逐漸深入這部自成一家之言的思想體系。

若水導讀系列

（一）《創造奇蹟的課程》（**全書 272 頁**）
（二）《生命的另類對話》（**全書 272 頁**）
（三）《從佛陀到耶穌》（**全書 224 頁**）

若水在這三冊中，解說《奇蹟課程》的來龍去脈與理論架構，透過問答的形式，說明崇高的寬恕理念如何落實於生活中；最後透過《奇蹟課程》的理念，闡釋佛陀和耶穌這兩位東西方信仰系統的象徵，在實相裡並無境界之別，而只有人心的「小我分裂」與「大我一體」的天壤之隔。

米勒導讀

《奇蹟半生緣》

一位慧心獨具卻不得志的記者，三十多歲便受盡「慢性疲勞症候群」的折磨，群醫束手無策，他在走投無路之下，不禁自問：「究竟是誰把我這一生搞得這麼慘？」

《奇蹟課程》讓他看到，自己竟是一切問題的始作俑者。他對這一答覆百般抗拒，直到有位心理治療師對他說：「恭喜你！你若讀得下這本書，大概就不需要心理治療了！」

《奇蹟半生緣》全書穿插作者派屈克·米勒浮沉人生苦海的經歷，但他

並不因此獨尊自身的經驗和詮釋，而以記者客觀實証的精神，遍訪散居全美各地的奇蹟講師與學員，甚至傾聽圈外人的質疑。本書可說是一部美國奇蹟團體的成長紀實。（全書 319 頁）

教學研習 DVD（一、二階）

一階理論基礎班

《奇蹟課程》的博大精深，常讓讀者不得其門而入，有鑒於此，若水以三日研習的形式，系統化且階段式地解說整部課程的思想架構，將寬恕理念落實於現實生活。本套 DVD 為 2005 年在台北舉辦的「第一階理論基礎班」的現場錄影精心剪輯而成，共八講八個小時的教學 DVD，並附上講義及 MP3 光碟，中文字幕並具簡繁兩體。

二階自我療癒班

本套 DVD 取自 2006 年若水在台北舉辦的「自我療癒班」現場錄影精心剪輯而成，若水以《奇蹟課程》為經，以你我個人的生活經歷為緯，佐以電影《魔戒三部曲》的比喻解說，透過天人關係的宏觀視野與潛意識的微觀徹照，切入錯綜複雜的人際關係，徹底清理人類作繭自縛的心障。

奇蹟課程其他有聲教學教材

奇蹟資訊中心歷年發行《奇蹟課程》譯者若水的演講錄音或錄影光碟，將《奇蹟課程》的抽象理念與現實生活銜接起來，幫助讀者了解《奇蹟課程》的精髓所在，是奇蹟學員不可或缺的有聲輔讀教材，由於教材內容每年不盡相同，欲知詳情，請上網查詢。

www.acimtaiwan.info
奇蹟課程中文網站
www.qikc.org **奇蹟課程中文部簡体網**

肯恩實修系列

《奇蹟原則50》

許多讀者久仰《奇蹟課程》之盛名，興沖沖地讀完短短的導言後，就怔忡在一條一條有如天書的「奇蹟原則」之前。讀了後句忘前句，「奇蹟」的概念好似漂浮在字裡行間，始終無法在腦海中落腳，以至於閱讀了一兩頁之後便後繼無力，難以終篇，竟至棄書而逃。

「奇蹟原則」前後五十條，其實是整部課程的濃縮，若無明師指點，讀者通常都不得其門而入。於今多虧奇蹟泰斗肯尼斯旁徵博引，以深入淺出而又幽默的答問形式，將寬恕與奇蹟的精神落實於生活中，為初學者乃至資深學員提供了一個實修的指標。（全書209頁）

《終結對愛的抗拒》

追尋心靈成長的人，學到某個階段往往面臨一個瓶頸：儘管修習多年，一遇到某種挑戰，就不自覺地掉回原地，因而自責不已。問題到底出在哪裡？

佛洛依德在他的臨床經驗中，驚異地發現，病人的潛意識中有「拒絕療癒」的本能，肯尼斯根據《奇蹟課程》的觀點，犀利地剖析人們「拒絕療癒或轉變」的原因，又仁慈地為讀者指出穿越小我迷霧的關鍵，由停滯不前的窘境中突圍。對於追尋心靈成長和平安的人而言，本書不但有提點指授的功效，更有當頭棒喝的力道。（全書109頁）

《親子關係》

坊間論及親子問題的書籍可謂汗牛充棟，泰半繞在親子關係複雜且微妙的糾結情懷，唯獨肯尼斯·霍布尼克不受表象所惑，借用《奇蹟課程》的透視鏡，澈照出親子之間愛恨交織的真正關鍵。

本書表面上好似在答覆「如何教養子女」、「如何對待成年子女」以及「如何照顧年邁雙親」等具體問題，它其

實是為每一個人點出我們在由「身為兒女」，到「照顧兒女」，繼而「照顧雙親」的艱苦過程，以及我們轉變知見時必然經歷的脫胎換骨之痛。(**全書238頁**)

《性‧金錢‧暴食症》

在紛紜萬象的世界裡，性、金錢與食物可說是人生問題的「重頭戲」，最易牽動小我的防衛機制，故也最具爭議性。作者肯恩沿用《奇蹟課程》中「形式與內涵」的層次觀念，針對性、金錢等等所引發的光怪陸離現象（形式），揭露它們背後一貫的目的（內涵）──小我企圖藉無止盡的生理需求，抹滅心靈的存在，加深孤立、匱乏、分裂等害感，最後連吃飯、賺錢與性交都可能變成一種攻擊的武器。

肯恩與學員的趣味問答，反映出我們日常是如何受制於這些生理需求的；然而，我們也能藉聖靈之助，將現實挑戰化為人生教室，將小我怨天尤人的陰謀，轉為寬恕與結合的工具。(**全書196頁**)

《仁慈──療癒的力量》

這是一部針對奇蹟教師及資深奇蹟學員的實修指南。全書分上下兩篇，上篇列舉奇蹟學員常有的現象，例如以奇蹟之名攻擊他人，或以善意為由掩蓋自己批判的心態；下篇探討如何用仁慈的眼光來看待自己與他人的缺陷，教我們將自身的限制或缺陷轉為此生的「特殊任務」，在人間活出寬恕的見證，成為聖靈推恩的管道。(**全書251頁**)

《逃避真愛》

本書是針對道理全懂卻難以突破的資深學員而寫的，它一針見血地指出，綑綁我們修行腳步的，不是世界的黑暗，也非人間的牽絆，而是自己打造出來的一道心牆。

只因我們深怕真愛會消融了自己的特殊性，故把心靈最深的渴望隱藏到心牆之後，與之「解離」，在人間展開一場虛虛實實又自相矛盾的追尋。一邊痛恨小我的束縛，一邊又忙著為小我說項；以至於內心有一部分奮力向前，另一部分則寧可原地觀望。藉著裝傻、扭曲、辯駁，把回歸真愛的單純選擇渲染成複雜又艱深的學問。

《逃避真愛》溫柔地解除了人心無需有的恐懼，讓我們明白心牆的「不必要」，陪伴我們無咎無懼地跨越過去。(**全書156頁**)

其他出版品

《寬恕十二招》

《寬恕十二招》的作者保羅‧費里尼，有鑒於人們的想法與情緒反應模式，早已定型僵化，成了一種「癮」，不是一朝一夕可以化解得掉的。因此，他將《奇蹟課程》的寬恕理念，分解為十二步驟，一步一步地引導我們超越自卑、自責以及過去的創痛，透過自我寬恕而領受天地的大愛。這是所有準備好負起自我治癒之責的人必讀的靈修教材，也是曠世靈修經典《奇蹟課程》的輔讀書籍。(**全書110頁**)

《無條件的愛》

作者保羅‧費里尼繼《寬恕十二招》之後，另以老莊的散文筆法，細細描述我們每一個人心中都擁有的「無條件的愛」。他由大我的心境出發，以第一人稱的對話方式，直接與讀者進行心與心的交流，喚醒我們心中沉睡已久的愛，開啟那已被遺忘的智慧。此書充滿了「醒人」的能量，是陪伴你走過人生挑戰的最好伙伴。(**全書215頁**)

《告別娑婆》

宇宙從哪兒來的？目的何在？我究竟是什麼？為什麼會在這裡？我要往哪裡去？我該怎麼活在這個世界裡？當你

讀完本書，會有一種「千年暗室，一燈
即亮」的領悟。

全書以睿智而風趣的對話談當今
世局、原子彈爆炸，一直說到真愛、疾
病、電視新聞、性問題與股價指數等
等，讓我們對複雜詭異的人生百態，頓
時生出「原來如此」的會心一笑。它說
的雖全是真理，讀起來卻像讀小說一樣
精彩有趣，難怪一問世便成了西方出版
界的新寵。**（全書 513 頁）**

《一念之轉》

作者拜倫‧凱蒂曾受十餘年的憂
鬱症所苦，一天早上，她突然覺悟了痛
苦是如何形成又如何結束的。由此經
驗中，她發明了四句問話的「轉念作
業」（The Work），引導你由作繭自縛中
徹底脫身，是一本足以扭轉你人生的好
書。**（全書 448 頁，附贈轉念作業個案
VCD）**

《斷輪迴》阿頓與白莎回來了！

繼《告別娑婆》走紅之後，葛瑞
的生活形態發生重大的轉變，也面臨了
更多的挑戰。葛瑞仍是口無遮攔地談八
卦、論是非、臧否名流，阿頓和白莎兩
位上師在笑談棒喝中，繼續指點葛瑞
如何在現實挑戰下發揮真寬恕的化解
（undo）功能，徹底瓦解我執，切斷輪迴
之根。**（全書 304 頁）**

《人生畢業禮》

本書是保羅與 Raj 在 1991 年的對
話記錄。對話日期雖有先後，內涵卻處
處玄機，不論由哪一篇起讀，都會將你
導入人類意識覺醒的洪流。

Raj 借用保羅的處境，提醒所有在
人間孤軍奮鬥的人，唯有放下自己打造
的防衛措施，才可能在自己的心靈內找
到那位愛的導師。也唯有從這個核心出
發，我們才會與所有弟兄相通，悟出我
們其實是一個生命。**（全書 288 頁）**

《療癒之鄉》

《療癒之鄉》中文版由美國「獅子
心基金會」委託台灣「奇蹟資訊中心」
出版。

作者羅賓‧葛薩姜把《奇蹟課程》
深奧又慈悲的教誨化為一套具體的情緒
啟蒙和心靈復健課程，協助犯罪和毒癮
的獄友破除心理障礙，學習處理人與人
之間的衝突，調整情緒，建立自信，切
斷「憤怒→攻擊→憤怒」的惡性循環。
《療癒之鄉》陪伴無數受刑人度過獄中
歲月。

《療癒之鄉》也是為所有困在自己
心牢裡的讀者而寫的。世間幾乎沒有一
人不曾經歷童年的創傷、外境的壓迫，
以及為了生存而形成種種不健康的自衛
模式。獄友的心路歷程給予我們極大的
啟發，鼓舞我們步上心靈療癒之路。
（全書 440 頁）

《我要活下去》

這本書不只是一本鼓舞信心的療癒
指南，還是一個女人把自己從鬼門關前
拉回來的真實故事。

作者朱蒂‧艾倫博士（Judy Edwards
Allen, Ph.D.）原本是成功的專業顧問、
大學教授、大學教科書作者，四十歲那
年獲知罹患乳癌的「噩耗」，反而成為
她生命的轉捩點，以清晰、熱情的文
筆，記錄了她奮力將原始的求生意念成
功地轉化為「康復五部曲」的歷程。讀
者看到她如何軟硬兼施地與醫生打交
道，如何背水一戰克服無助感，又如何
透過寬恕，喚醒內心沉睡已久的愛與生
命力。最後，她終於超越自己對生死的
執著，在這一場疾病與療癒的拔河大
賽中，獲得了靈性的凱旋。**（全書 280
頁）**

《時間大幻劇》

人們對於時間，存在著種種截然
不同的看法，比如：時間是良藥，可以
癒合一切創傷；善惡終有報，只等時候

到;時間是無情的殺手,終將剝奪我們的一切……。人類早已視時間的存在為天經地義,戰戰兢兢地活在過去的懊悔、現在的焦慮和對未來的恐懼中。我們好似活在一座無形的牢籠裡,苟延殘喘,等待大限的到來。

《奇蹟課程》的泰斗肯恩博士曾說:「不了解時間,不可能讀懂《奇蹟課程》的。」他引經據典,將散落全書有關時間的解說,梳理出一個完整的思想座標,猶如點睛之龍,又如劃破文字叢林的一道靈光,讓我們一窺《奇蹟課程》的究竟堂奧(究竟義)。此書可說是肯恩留給奇蹟資深學員最珍貴的禮物。(全書413頁)

《奇蹟課程誕生》

《奇蹟課程》的來歷究竟有何玄虛?為什麼它選擇經由海倫‧舒曼博士來到人間?它的記錄方式及成書過程,與它傳給人類的訊息有何內在關係?有幸親炙此書的我們,又該如何延續奇蹟精神的傳承?

不論你只是好奇《奇蹟課程》的精采傳奇,還是有心以「史」為鑒,窮究奇蹟的傳承精神,本書都提供了最可靠的第一手資料。作者因與茱麗、海倫與比爾等人往密切,故受這些開山元老之託,冷靜而客觀地梳理《奇蹟課程》的記錄及成書經過,佐以三位奇蹟元老的親筆自白,融鑄成一部信實可徵的《奇蹟課程》誕生史,帶領讀者重新走過五十年前那段精采神奇的心靈歷程。(全書195頁)

《飛越死亡的夢境》

本書榮獲美國出版界著名的「活在當下書籍獎」(Living Now Book Awards),全書以嶄新的視角詮釋曠世靈修經典《奇蹟課程》的教誨,為讀者剴切指出「起死回生」的著力點。

作者特別選取在人間每個角落不時作祟的「死亡陰影」入手,揭露小我抵制永恆生命的伎倆。作者以親身的經歷為奇蹟作證,並且提供了極其實用的反省練習,解除我們潛意識中對死亡的恐懼,為百害不侵的生命本質開啟了一扇門,真愛與喜悅得以流過人間,讓奇蹟成為日常生活裡「最自然的事」。(全書524頁)